AF157497

Martin Schreiner

Der Kalam in der jüdischen Literatur

Martin Schreiner

Der Kalam in der jüdischen Literatur

ISBN/EAN: 9783744697750

Hergestellt in Europa, USA, Kanada, Australien, Japan

Cover: Foto ©ninafisch / pixelio.de

Weitere Bücher finden Sie auf **www.hansebooks.com**

Dreizehnter Bericht

über die

Lehranstalt für die Wissenschaft des Judenthums in Berlin

erstattet vom

Curatorium.

Mit einer wissenschaftlichen Beilage von Dr. Martin Schreiner:

Der Kalâm in der jüdischen Literatur.

Berlin 1895.

Druck von H. Itzkowski, Gr. Hamburgerstr. 2.

Der Kalâm in der jüdischen Literatur.

Mit dem Aufblühen der theologischen und philosophischen Speculation in den Ländern des Islâms sind nacheinander die verschiedenen Richtungen derselben auch im Judenthume zur Geltung gelangt. Bald ist es die muhammedanische Dogmatik, bald die Philosophie der muhammedanischen Neuplatoniker und Aristoteliker, welche die Juden in der systematischen Bearbeitung ihrer religiösen Ideen beeinflusste. In erster Reihe ist es der Kalâm, der den ältesten religiösen Denkern des Judenthums im Mittelalter die Richtung giebt und dessen Literatur von denselben berücksichtigt wird. Die Vertreter der theologischen Speculation im Judenthume werden wohl aus dem Grunde der muhammedanischen Literatur gegenüber einen anderen Standpunkt eingenommen haben, als die alten Tannaiten gegenüber der Griechischen, weil die Verwandtschaft der Hauptlehren des Islâms mit dem Judenthume augenfällig war und weil sie von dieser Seite keine solche Gefahren zu befürchten hatten, wie vom griechischen Heidenthume. Und so sehen wir, dass zur Zeit der Gaonen die Methode, die Terminologie und einzelne Gedanken der muhammedanischen Dogmatik in die jüdische Literatur immer mehr eindringen, bis sie durch den Einfluss des Neuplatonismus und der muhammedanischen und jüdischen Aristoteliker verdrängt werden.

Die Untersuchung des Einflusses des Kalâms auf die jüdische Literatur schien mir aus mehreren Gesichtspunkten von Interesse zu sein. Wenn die Vertreter einer Gemeinschaft, deren religiöses Bewusstsein durch ein umfangreiches Schriftthum bestimmt wird, mit neuen Gedanken fremden Ursprungs sich auseinandersetzen, so wird es immer characteristisch sein, was ohne Bedenken aufgenommen und was zurückgewiesen wird. Deshalb scheint die Erkenntniss dessen, welcher Art der Einfluss des Kalâms auf das Judenthum war, für die Kenntniss des jüdischen religiösen Bewusstseins von Bedeutung zu sein und wir werden die Thatsache würdigen müssen, dass während die mu'tazilitische Bewegung Jahrhunderte hindurch auf das Judenthum eingewirkt hat, dasselbe gegenüber der Lehre der Aš'ariten, trotz ihrer Herrschaft in der muhammedanischen Welt, sich ablehnend verhielt. Auch der Umstand wird zu beachten sein, dass während die Lehren der Mu'taziliten bei den Rabbaniten häufig stark modificirt und beispielsweise bei Saadja gleichsam in seine Darstellung hineingewoben erscheinen, sie in den karäischen Schriftstellern vielleicht allzutreue Anhänger gefunden haben. Die Eigenart des religiösen Bewusstseins hatte eben bei den Rabbaniten eine starke Stütze in der talmudisch-midraschischen Literatur, welche von den Karäern entbehrt werden musste.

Die Geschichte des Kalâms im Judenthume zeigt aber auch Momente des jüdischen Geisteslebens im Mittelalter, welche von allgemeinerem Interesse sind. Sie zeigt, wie die grosse Bewegung der Mu'taziliten, neben welcher nach dem Urtheile Houtsma's „die Kämpfe des Origenes und Arius gegen das orthodoxe Dogma ein Kinderspiel sind", die Juden in ihre Kreise hineingezogen hat, wie die Probleme, welche das religiöse Denken im Islâm zu lösen versucht hat, von hervorragenden Vertretern des Judenthums behandelt worden sind.

Bei einer Untersuchung der uns jetzt zugänglichen mu'tazilitischen Kalâmwerke gewinnt man den Eindruck, dass diese für die Geschichte der Philosophie, insbesondere für die Geschichte der Ethik, eine grössere Bedeutung besitzen, als man ihnen gewöhnlich beilegt. Der Einfluss der griechischen Philosophie, besonders aber derjenige des Aristoteles, ist in den Systemen der Mu'taziliten ein geringer, trotzdem, dass es mu'tazilitische Schriften giebt, welche auf eine eingehende Beschäftigung mit den Schriften des Aristoteles schliessen lassen. Die systematischen Darstellungen des mu'tazilitischen Kalâms zeigen uns, dass wir es mit einer ganz eigenartigen Weltanschauung zu thun haben[1]), welche aber von ihrer Eigenartigkeit unter dem Einflusse der Griechen immer mehr einbüsst. Es dürfte also die Untersuchung der Spuren dieser Weltanschauung in der jüdischen Literatur und der Veränderungen, welche einzelne Ideen griechischer Philosophen bei muhammedanischen und jüdischen Mutakallimûn durchgemacht haben, auch für die Geschichte der Philosophie von einigem Interesse sein.

Im Folgenden soll nun gezeigt werden, in welcher Weise der Kalâm auf seinen verschiedenen Entwickelungsstufen das jüdische religiöse Denken beeinflusst hat, welche Gedankenelemente und Termini ihm entlehnt worden sind und wie sein Einfluss auf die rabbanitische Literatur von Maimonides endgiltig beseitigt wurde. Wir werden in der Behandlung der einzelnen Schriftsteller nur der chronologischen Reihe folgen, da die Karäer und Rabbaniten einander gegenseitig beeinflusst haben.

Einerseits, um den Umfang der Abhandlung nicht allzugross werden zu lassen, andererseits aber aus inneren Gründen ist die Darstellung des Inhaltes mancher karäischer Kalâmwerke aus dieser Arbeit ausgeschlossen worden. Die Schriften Josef al-Basîr's und Josef al-Kirkissânî's mussten übergangen werden, weil die letzteren mir gegenwärtig unzugänglich sind und die ersteren von P. F. Frankl schon behandelt wurden. Ebenso musste ich hier von einer Behandlung des viele mu'tazilitische Kalâmelemente enthaltenden Werkes des Jeschu'a b. Jehuda, des Buches Berêschith rabbâ absehen. Dass ich die Untersuchung des Einflusses von al-Gazâli auf die jüdische Literatur ausgeschlossen habe, wird jeder Kenner begreiflich finden.

In den folgenden Untersuchungen war ich immer bestrebt die Kalâmelemente, wo die Quelle nicht eben eine jüdische war, bei älteren muhammedanischen Schriftstellern nachzuweisen[2]). Nur wenn dies nicht möglich gewesen ist, habe ich spätere Kalâmwerke angeführt, wobei immer die dogmatische Stellung und die Zeit derselben in der Untersuchung berücksichtigt wurde. Ich hielt es eben für nöthig, vor Augen zu halten, dass der Kalâm eine grosse Literatur hatte, in welcher verschiedene Strömungen und auch individuelle Anschauungen zur Geltung gelangten.

Die Verwandtschaft zwischen den Anschauungen des Sa'adja, des Begründers einer systematischen Bearbeitung der jüdischen religiösen Ideen, und zwischen denjenigen der Mu'taziliten ist schon vielfach hervorgehoben worden[3]). Schon Maimonides hat auf die Abhängigkeit mancher Gaonen und karäischer Schriftsteller von der muhammedanischen Kalâmliteratur hingewiesen, aber er schreibt diese dem Zufall zu. Es scheint jedoch, dass der Grund der Anziehungskraft, welche mu'tazilitische Ansichten auf jüdische Denker ausgeübt haben, tiefer, in den Ursprüngen des I'tizâl, zu suchen ist. Maimonides hat die Anschauungen der Mutakallimûn auf christliche Einflüsse zurückgeführt und seine Anschauung

[1]) Die ältesten Kalâmwerke, welche uns zugänglich geworden sind, bestätigen die Ansicht Renans, Averroès et l'Averroïsme[2] S. 101, dass der Kalâm das eigenthümlichste philosophische Product des muhammedanischen Geistes sei.

[2]) Bei der Angabe der Quellen gebrauchte ich folgende Abkürzungen: Milal bezeichnet Ibn Hazm's Kitâb al-milal wa-l-nihal, Hs. der Leidener Univ. Bibliothek, cod. Warner 480. Fark: 'Abd al-Kâhir al-Bagdâdî's Kitâb al-fark bejn al-firak, Hs. der kön. Bibl. zu Berlin, Ahlwardt Nr. 2800. Magmû': Abu Muhammed Ibn Mattawejhi's Almagmû' min al-muhît bi-l-taklîf. Auszug aus dem Werke „Al-muhît" des 'Abd al-Gabbâr al-Mu'tazilî, cod. Glaser 52, Ahlwardt IV 5149. Masâ'il, Abû Raśîd al-Nîsâbûrî's Kitâb al-masâ'il wa-l-chilâf bejn al-Basrijjîn wa-l-Bagdâdijjîn, cod. Glaser 12, Ahlwardt IV 5125. Irśâd, Al-Guwejnî Imâm al-Haramejn, Kitâb al-irśâd fi usûl al-i'tikâd. Hs. der Leid. Univ. Bibl. cod. Golius 146. Nihâjat: al-Śahrastânî's Nihâjat al-ikdâm fi 'ilm al-kalâm, Ahlwardt II Nr. 1729.

Es gereicht mir zur besonderen Freude, den Verwaltungen der kön. Bibliothek zu Berlin und der Univ. Bibliothek in Leiden, welche die Benutzung dieser Handschriften mir gütigst ermöglicht haben, an dieser Stelle meinen besten Dank aussprechen zu können.

[3]) S. Guttmann, die Religionsphilosophie des Sa'adja b. Josef al-Fajjûmî, S. 15 und an den weiter unten anzuführenden Stellen. Kaufmann, Geschichte der Attributenlehre, S. 3, 31, 34.

wurde unabhänging von ihm in neuerer Zeit von A. v. Kremer[1]) insofern bestätigt, als auch Kremer „die Wissenschaft des Kalâms“ unter dem Einflusse der Lehren der orthodoxen Kirche entstehen lässt. In der That lassen sich zwischen den Anschauungen der Mutakallimûn und denjenigen mancher Kirchenväter, wie z. B. Johannes Damascenus manche Berührungen nachweisen[2]), aber dies ist nur bei den späteren Mu'taziliten und Aš'ariten der Fall. Bei den Begründern der mu'tazilitischen Bewegung, wie Wâṣil b. 'Aṭâ, und 'Amr b. 'Ubejd, finden wir aber nichts, was mit Bestimmtheit auf den Einfluss der christlichen Dogmatik hindeuten würde. Hingegen lassen sich die Hauptpuncte der mu'tazilitischen Anschauungen in der vorausgegangenen jüdischen Literatur nachweisen und es gibt bestimmte Daten bei arabischen Geschichtschreibern, welche die Lehren der Mu'taziliten auf das Judenthum zurückführen. Die Hauptpuncte der Lehre der Mu'taziliten bezogen sich auf die Einheit und Gerechtigkeit Gottes[3]). Durch die schärfere Fassung des monotheistischen Gedankens kamen sie dazu, die Eigenschaften Gottes zu leugnen, anthropomorphistische Aeusserungen des Korâns und der Tradition zu allegorisiren[4]), die Ewigkeit des Korâns zu leugnen[5]) und durch ihre Anschauung von der Gerechtigkeit Gottes wurden sie zur Behauptung der Willensfreiheit gezwungen. Dass man im Judenthume, trotz mancher crassen Anthropomorphismen des babylonischen Talmuds im Allgemeinen bestrebt war, die Anthropomorphismen zu meiden, beweisen zahlreiche Erscheinungen der Literatur von den Tikkûnê sôferim bis auf die Umschreibungen der letzten Ausläufer der Targumliteratur[6]). Ueber die Lehre vom Geschaffensein des Korâns finden wir bei Ibn al-Athîr[7]), die Aeusserung, Bišr al-Marîsî hätte die Lehre vom Geschaffensein des Korân von Ǵahm b. Ṣafwân, dieser von Ǵa'd b. Adham, Ǵa'd von Abân b. Sam'ân, Abân von Ṭâlût, dem Neffen des Lebîd b. al-A'ṣam dem Juden entlehnt, Lebîd aber lehrte das Geschaffensein der Thora und der erste der ein Buch darüber geschrieben, war sein Neffe Ṭâlût. Wir legen wie anderswo, auch hier kein Gewicht auf diese Traditionskette, wenn wir auch nicht glauben dass die Nachricht späten Ursprunges ist. So viel beweisen jedenfalls die Bemerkungen Ibn al-Athîrs, dass man in manchen muhammedanischen Kreisen die Anschauung hegte, die Lehre vom Geschaffen-

[1]) Culturgeschichte des Orients unter den Chalifen, II S. 402. Ich war ebenfalls dieser Ansicht und habe ihr in einer ungarischen Abhandlung Ausdruck gegeben, bis mich die Aeusserungen muhammedanischer Schriftsteller auf eine andere Spur führten.

[2]) In seinem Werke „De fide orthodoxa“ findet sich (Opera, ed. Lequien II S. 127) ein Capitel *Περὶ τοῦ ὅτι ἐστὶ Θεός*. Gleichsam ein Capitel فى آلمحنية. Das. S. 263. *Περὶ προνοίας*. Der Inhalt des Capitels erinnert an den Streit der Mutakallimûn فى الايمان S. 144. *Περὶ τῶν σωματικῶς ἐπὶ Θεοῦ λεγομένων*. Hier werden anthropomorphistische Ausdrücke der Schrift erklärt. Im XII. Cap. S. 146 wird ein Stück aus dem Werke des Pseudo-Dionysius Areopagita *περὶ τῶν θείων ὀνομάτων* (أسماء آلله) angeführt.

[3]) A. v. Kremer, Geschichte der herrschenden Ideen des Islâms, S. 27 ff. Houtsma, De strijd over het dogma in den Islâm tot op al-Ash'arî, S. 42 f. 58 f.

[4]) Allerdings finden sich solche Erklärungen auch bei den Kirchenvätern, aber zur Leugnung der Eigenschaften Gottes konnten die Mut. unmöglich unter christlichem Einflusse kommen.

[5]) Diese Anschauung vom Geschaffensein des Gotteswortes kann nicht christlichen Ursprunges sein. Johannes Damascenus bespricht in den Fragmenten seiner *Διάλεξις Σαρακηνοῦ καὶ Χριστιανοῦ* (Opera II S. 466 u. ff.) auch die Frage, was unter dem „Gottesworte“ zu verstehen sei. Er gibt dem disputirenden Christen den Rath, er solle den Saracenen zum Eingeständnisse bringen, dass Christus im Korân *πνεῦμα καὶ λόγος Θεοῦ* genannt wird (Sure III 34, IV 169, XIX 35) dann frage er ihn, ob der Logos geschaffen sei, oder nicht. „*τὸν λόγον κτιστὸν κτιστοῦ εἶναι ἢ ἄκτιστον; ταῦτα γὰρ προβάλλονται* . . . . *θέλοντες ἀποδεῖξαι κτιστὸν εἶναι τὸν λόγον τοῦ Θεοῦ ὅπερ οὐκ ἔστιν*. Daraus folgt, dass von den Muhammedanern, mit welchen dieser Kirchenvater zu verkehren Gelegenheit hatte, die Ewigkeit des Korâns geleugnet wurde, aber auch, dass wenn die Muhammedaner Etwas von den Kirchenvätern entlehnt haben, so war es die Lehre von der Ewigkeit des Gotteswortes, nicht aber die Lehre der Mu'taziliten vom Geschaffensein des Korans. Auch die Ansichten, welche von Joh. Dam. im Capitel *περὶ προνοίας* S. 263 ausgesprochen werden, stehen im Widerspruche mit der Ansicht Wâṣil b. 'Aṭâ's.

[6]) S. die Bemerkungen Geiger's, Jüdische Zeitschrift IX S. 96 ff. Maybaum, die Anthropomorphismen und Anthropopathien bei Onkelos, S. 8 ff. Jahrbücher für protestantische Theologie Bd. XVII S. 262 ff.

[7]) Al-ta'rîch al-kâmil z. J. 240, ed. Bûlâk VII 26. واخذه طالوت من لبيد ابن الاعصم اليهودى الذى سحر النبى صلعم وكان لبيد يقول بخلق التوراة واول من صنف فى ذلك طالوت وكان زنديقا ففشى الزندقة

sein des Korâns sei jüdischen Ursprunges, was weder zufällig sein, noch dem Bestreben allein zugeschrieben werden kann, diese Lehre in den Augen der Rechtgläubigen zu discreditiren, weil doch in der That im bab. Talmud und in den Midraschim sich Aeusserungen über das Geschaffensein der Thora finden[1]). Taķi al-Dîn Ibn Tejmijja behauptete, dass die Leugnung der Anthropomorphismen ebenfalls von diesem Lebîd b. al-A'ṣam herrühre[2]). — Auch in Betreff der Lehre von der Willensfreiheit können wir mit Recht annehmen, dass sie im Islam jüdischen Ursprunges ist. Es wird erzählt[3]), dass Wahb b. Munabbih Kadarit gewesen sei und von Wâṣil b. 'Aṭâ' erzählt al-Šarastânî[4]), dass er diese Tradition[5]), welche von der Praedestination spricht, so erklärt habe, dass Alles von Gott vorher bestimmt wurde, ausgenommen die guten und bösen Thaten des Menschen. Von dieser Tradition habe ich an einer anderen Stelle nachgewiesen[6]), dass sie der jüdischen Literatur entlehnt ist und dass der Schluss derselben in fatalistischem Sinne geändert wurde. Nun hat Wâṣil die Tradition in derjenigen Form, in welcher sie dem Talmud entlehnt ist und es ist sehr unwahrscheinlich, dass Wâṣil die Tradition geändert hat, wenn er sie in der Fassung vorgefunden hätte, wie sie uns in den Traditionssammlungen vorliegt. Aus alldem geht hervor, dass die mu'tazilitische Speculation nicht unter dem Einflusse der Kirchenliteratur entstanden ist, sondern dass sie zum Theil durch jüdische Elemente in der Tradition angeregt wurde und überhaupt ursprünglich unter jüdischem Einflusse gestanden hat. Erst seit al-Naẓẓâm[7]) zeigt sich in immer grösserem Masse in der Geschichte des Kalâms der Einfluss der christlichen Dogmatik und der griechischen Philosophie. Hierin ist auch der Grund dessen zu suchen, warum jüdische Denker durch die mu'tazilitische Speculation sich angezogen fühlten.

[1]) Berêšith rabbâ Seit. I ששה דברים קדמו לבריאת העולם יש מהן שנבראו ויש מהן שעלו במחשבה להבראות התורה והכסא הכבוד נבראו וגו׳. Pesâchîm 54a. תנא שבעה דברים נבראו קודם שנברא העולם ואלו הן תורה ותשובה וגו׳. Dasselbe wird auch an anderen Stellen ausgesprochen. Eine „Vergötterung der Thora", welche von Sprenger, das Leben und Lehre des Muhammed II S. 293 angenommen wird, hat es im Judenthume nie gegeben.

[2]) Im Ṭabaķât al-kubrâ des Tâǵ al-Dîn Ibn al-Subkî, Leidener HS. in der Biographie des Ahmed b. Jahjâ b. Ǵibrîl al-Kullâbî (st. 733) wird eine Streitschrift desselben gegen Ibn Tejmijja mitgetheilt, in der wir II S. 436 Folgendes finden: ثم اخذ المدعي واسند ان هذه المقالة ماخوذة من تلامذة اليهود والمشركين وضلال الصابئين قال فان اول من حفظ عنه هذه المقالة الجعد بن درهم (اد هم L) واخذها عنه جهم بن صفوان واظهرها فنسبت مقالة الجهمية اليه قال والجهم اخذها عن ابان بن سمعان واخذها ابان من طالوت بن اخت لبيد بن اعصم واخذها طالوت من لبيد اليهودي الذي سحر النبي صلعم قال وكان الجعد هذا فيما يقال من اهل حران فيقال له ايها المدّعي ان هذه المقالة ماخوذة من تلامذة اليهود قد خالفت الضرورة في ذلك فقد ما يخفى عن جميع الخواص وكثير من العوام ان اليهود مجسمة مشبهة فكيف يكون ضد التجسيم والتشبيه مأخوذا منهم. Dass es unter den Juden Mušabbiha gegeben hat, ist Thatsache, aber der grösste Theil der Literatur beweist nicht nur, dass nicht alle Juden Mušabbiha waren, sondern auch dass man im Judenthume seit der Zeit des zweiten Tempels bestrebt war, Anthropomorphismen zu meiden.

[3]) Vgl. Al-Ḍahabî in ZDMG XLIV 430. Mizân al-i'tidâl, ed. Lucknow s. v., Bibliotheca geogr. arab. ed. de Goeje VII S. 221, Z. 13.

[4]) Haarbrückers Uebersetzung I S. 46.

[5]) Es handelt sich um die Tradition bei al-Buchârî, Kadar 1. Muslim Kadar 1.

[6]) Zur Geschichte des Akaritenthums, S. 94.

[7]) Auch al-Šarastânî hebt hervor I S. 53, dieser habe viele philosophische Schriften gelesen. Farķ, 49a, heisst es:

وكان في زمان شبابه قد عاشر قوما من الثنوية وقوما من السمنية القائلين بتكافؤ الادلة وخالط بعد كبره قوما من ملحدة الفلاسفة ثم خالط هشام بن الحكم الرافضي فاخذ من هشام ومن ملحدة الفلاسفة قوله بابطال الجزء الذي لا يتجزأ.

Sa'adja b. Josef al-Fajjûmî

Al-Mas'ûdi [1]) und eine angeblich von Maimonides herrührende Notiz [2]) erwähnen eine ganze Reihe jüdischer Mutakallimûn, welche es so recht anschaulich macht, dass der Gaon Sa'adja Vorgänger und Zeitgenossen hatte, welche sich mit denselben theologischen Problemen beschäftigen, wie er. Sie zeigt aber auch, dass Sa'adja mit seinen Schriften einem tief empfundenen Bedürfnisse entgegengekommen sein muss, was seinen ausserordentlichen Einfluss erklärt. Es ist nicht meine Absicht hier eine neue Darstellung der Anschauungen des Sa'adja zu geben, sondern nur diejenigen Ansichten hervorzuheben, welche den Einfluss des Kalâm zeigen und manche seiner Andeutungen zu beleuchten.

Im Jeziracommentar des Sa'adja begegnen wir nicht dem Einflusse des Kalâms, es sind durchweg philosophische Anschauungen, die hier bei ihm zur Geltung gelangen. Vielleicht ist der Grund davon darin zu suchen, dass Sa'adja erst im Irak in die theologischen Bewegungen des Islâms eingezogen wurde. In umso grösserem Masse ist aber dies der Fall bei seinem religionsphilosophischen Werke. Im Grossen und Ganzen folgt Sa'adja wie dies schon bemerkt wurde [3]), auch in der Anordnung seines religionsphilosophischen Werkes den muhammedanischen Dogmatikern. Es werden diejenigen Capitel vorangestellt, welche vom „tauḥid" handeln, diesen lässt er dann die mit der Frage von der Gerechtigkeit Gottes im Zusammenhange stehenden Capitel folgen [4]). Zum Theil thun dies auch die Aš'ariten [5]) bis auf al-Gazâlî. Auch darin folgt Sa'adja den Mutakallimûn, dass er in der Einleitung seines Werkes gleichsam die erkenntnisstheoretischen Voraussetzungen seiner Glaubensansichten behandelt [6]). Manche seiner Bemerkungen lassen sich hier mit Hülfe der uns zu Gebote stehenden

[1]) Kitâb al-tanbîh in Prairies d'or IX S. 369. In der Ausgabe von de Goeje S. 113 u. ff.

[2]) Munk, Guide des Égarés I S. 624. S. auch denselben Mélanges sur la philosophie juive et arabe, S. 462 ff.

[3]) Guttmann a. a. O. S. 133.

[4]) Magmû' Bl. 5a u. ff. Ueber den Rahmen eines mu'tazilitischen Kalâmwerkes gibt am besten Aufschluss dasselbe Werk 12a. باب في بيان ابواب التوحيد ، اعلم ان مدار هذا الباب الذي جعلنا اوله ما يلزم المكلف معرفته على امور خمسة اولها البحث لتعريف الله تع والثاني ان المحدثات لا بد لها من محدث والثالث ما يستحقه هذا المحدث من الصفات التي تجب له والرابع ما يجب نفيه عنه من الصفات التي تصح عليه في كل حال وفي بعض الحالات والخامس انه واحد في هذه الصفات فلا احد يشركه في مجموعها نفيا واثباتا الخ ، Das. 116a. باب في جملة ما يدور عليه كل الكلام في العدل ، ما يتعلق بباب العدل لا يخرج عن الابواب التي عددنا وهو اربعة ابواب ، فما ان يكون كلاما في الافعال واما ان يكون كلاما في احكام الافعال واما ان يكون كلاما في ما يتعبد الله به من العبادات وما يتصل بذلك واما ان يكون كلاما فيما يضاف الى الله تعالى وما لا يضاف اليه وربما دخل بعض ذلك في بعض وربما يعد فيه لاتصاله بالافعال ما ليس هو المقصود بالعدل ،

[5]) Z. B. al-Ǵuwejnî im Iršâd s. das Verzeichniss der Capitel in Cat. Lugd. IV S. 237.

[6]) Ueber die erkenntnisstheoretischen Anschauungen der Mu'taziliten s. ZDMG XLII S. 607 und Masâ'il Bl. 165 b. ff. Auch bei späteren Mutakallimûn begegnen wir den drei Quellen der Erkenntniss: الحس العقل والخبر so bei Fachr al-Dîn Râzî, s. Schmölders, Essai sur les écoles philosophiques chez les Arabes, S. 140. Die Definition von

Kalâmwerke beleuchten. Wir erfahren durch ihn, dass Manche die Quellen der Erkenntniss, welche er angenommen hat, verworfen haben. Die Wenigsten haben die sinnliche Wahrnehmung nicht als Quelle der Erkenntniss gelten lassen wollen, andere haben die übrigen Quellen der Erkenntniss nicht als solche betrachtet. Manche behaupten demzufolge, alle Dinge seien in Bewegung, Andere wieder, Alles sei in ruhendem Zustande[1]). Allen diesen Anschauungen begegnen wir in Kalâmwerken[2]).

واما اوائل المعتزلة فقد قال في حد العلم هو اعتقاد الشي على ما هو به مع finde ich in Iršâd 3b. اعتقاد
توطين النفس الى المعتقد فبذل عليهم حدهم اعتقاد المقلد ثبوت الصانع فانه اعتقد المعتقد على
ما هو به مع سكون النفس الى المعتقد ثم هو ليس بعلم فزاد المتأخرون منهم فقالوا هو اعتقاد الشي
على ما هو به مع توطين النفس اذا وقع ضرورة او نظرا Die Ansicht des Sa'adja wird erwähnt von Jehuda Hadassi, אשכל הכפר Nr. 160. גלה פעירת השרשים בזה דרך התורה . . . במאמר ככה כי שרש השכל ועקר החכמה וקץ התלמוד שלשה פרקים בשורה: מדע הראיה ומדע השכל ומדע [illegible] להתנבות.

[1]) Amânât, S. 13. وهذه الثلاثة اصول يجحد من الناس نفريق بنحريف فنعليل منهم من جحد الاصل الاول... فقد جحدوا الثاني وتشدّت الى غير مبتنين عليه وانثر منهم من انكر الاول وجحد الثاني والثالث فمن اثبت جميع الاشياء ساكنة وجحد الحركة واخر اثبت جميع الاشياء متحركة وجحد السكون

[2]) Von Ibrâhîm al-Naẓẓâm erzählt 'Abd al-Ḳâhir al-Bagdâdî, Farḳ 54a, dass es nach ihm nur zwei Quellen der Erkenntniss gibt, die eine ist die sinnliche Wahrnehmung, mittelst welcher wir die Körper erfassen, — die Farben, Geschmäcke, Gerüche und Töne sind nach ihm alle Körper — die andere ist die Speculation, mit deren Hülfe wir die sinnlich nicht wahrnehmbaren Dinge erkennen. Die Tradition ist aber keine Quelle der Erkenntniss. Iršâd 1b, heisst es: فان قيل قد انكرت طائفة من الاوائل افضاء النظر الى العلم وزعموا ان مدارك العلوم بالحواس فكيف السبيل
مسئلة في ان الالوان لا تدرك بشي من الحواس ، قال ابو القسم ان الالوان Maṣâ'il 10b. الى مخالفتهم ،
تدرك بحاستين وانه دون بمذهب الشيخ ابو علي وقال شيخنا ابو هاشم الاكوان لا تدرك بشي من
الحواس والذي يدل على ما قلنا وجوه منها ان الذات انما حصلت على الصفة التي لو رئيت لما رئيت
الا لكونه عليها وارتفعت الموانع وجب ان تدرك ولم يجب ان تدرك يجب ان تعلمها الخ. Das. 83a.
مسئلة في ان الحركة من جنس السكون ، اعلم ان ابا القسم يذهب الى ان الحركة مخالفة للسكون
ومضادة له وهو الذي دون شيخنا ابو علي يذهب اليه فالذي يدل على صحة ما قاله شيخنا وجوه
الخلاء في الحركات والسكون ، قال ابو محمد ذهبت طائفة الى انه لا حركة Milal II 195b. الخ.
في العالم وان الكل ساكن واحتجوا بان قالوا وجدنا الشي ساكنا في المكان الاول ساكنا في المكان
الثاني وهكذا ابدا فعلمنا ان الكل ساكن وهذا قول منسوب الى معمر بن عمرو العطار مولى بني
سليم احد رؤساء المعتزلة وذهبت طائفة الى انه لا سكون اصلا وانما هي حركة اعتماد فهذا قول نسب
الى ابراهيم بن سيار النظام واحتج غير النظام من اهل هذه المقالة بان قال السكون انما هو عدم الحركة
والعدم ليس شيئا وقال بعضهم ترك الحركة فعل [196a.] الفعل ليس هو فعلا ولا معنى وذهبت طائفة
الى ابطال الحركة والسكون وقالوا انما يوجد المتحرك والساكن فقط وهذا قول ابي بكر بن كيسان الاصم
وذهبت طائفة الى ان الجسم في اول خلق الله تع له ليس متحركا ولا ساكنا وذهبت طائفة الى
اثبات الحركة والسكون الا انها قالت الحركات اجسام وهو قول هشام بن الحكم شيخ الامامية وجهم
بن صفوان السمرقندي وذهبت طائفة الى اثبات الحركة والسكون وان كل ذلك اعراض وهذا هو الحق.

Durch Ibn Hazm erfahren wir, wer der Urheber jener sonderbaren Ansicht war, dass die Träume Wirklichkeit seien, auf die Sa'adja in seinen erkenntnisstheoretischen Ausführungen anspielt[1]. Es ist dies ein Schüler al-Nazzâms, Sâlih Kubba, von dem wir sonst sehr wenig wissen.

Der Versuch Sa'adjas, die Speculation der Mu'taziliten im Judenthume zur Geltung zu bringen wird wohl bei seinen Zeitgenossen einem Widerspruch begegnet sein, wie dies aus folgender Stelle[2] hervorgeht: „Wenn aber Jemand sagt: . . . die Leute verwerfen ja diese Kunst (der Speculation) und es heisst bei ihnen, dass die Speculation zum Unglauben leite und zur Ketzerei hinausführe; darauf antwortete ich, dies sei nur bei ihrem Pöbel der Fall, wie du denn auch siehst, dass der grosse Haufe dieser Stadt glaubt, jeder der nach Indien reist, werde reich und wie man sagt, dass manche von den Ungebildeten unserer Gemeinschaft glauben, dass ein dem Drachen ähnliches Wesen den Mond verschlinge und daher stamme die Mondfinsterniss." Man berief sich also ohne Zweifel auf die Muhammedaner, von welchen die Mutakallimûn verketzert wurden[3] und dem gegenüber meint Sa'adja, dies thäte nur der grosse Haufe, der auch sonstigen abergläubischen Vorstellungen huldigt.

Schon in der Einleitung giebt Sa'adja zu verstehen, dass er der mu'tazilitischen Schule angehöre, denn in der Bezeichnung جماعة الموحدين liegt eine Anspielung auf Mu'taziliten, was zu erhärten wir noch Gelegenheit haben werden. Auch manche Ausdrücke und Beispiele[4] zeigten es seinen Zeitgenossen in unmissverständlicher Weise, dass die Schrift die eines Mu'taziliten ist.

Das. 149a. ومن معمر يزعم انه ليس في العالم حركة اصلا وانما هو كله سكون Fark 61b. والفضيحة الخامسة من فضائحه (يعني بشر بن المعتمر) قوله بان الحركة تتحصل وليس الجسم في المكان الاول ولا في المكان الثاني ولكن الجسم يتحرك به من الاول الى الثاني وهذا قول غير معقول في نفسه واختلف المتكلمون قبله في الحركة هل هو معنى ام لا فنفاه نفاة الاعراض واختلف الذين اثبتوا الاعراض في وقت وجود الحركة فمنهم من زعم انه توجد في الجسم وهو في المكان الاول فتنقل به عن الاول الى الثاني وبه قال النظام وابو شمر المرجئ ومنهم من قال ان الحركة تحصل في الجسم وهو في المكان الثاني لانه انما تكون في المكان الثاني وهذا قول ابي الهذيل والجبائي وابنه ابي هاشم وبه قال شيخنا ابو الحسن الاشعري رحمه الله ومنهم من قال الحركة تكون في مكانين احدهما يوجد في المتحرك وهو في المكان الاول والثاني يوجد فيه وهو في المكان الثاني وهذا قول الزبيدي.

[1] Amânât 16 Z. 6. Milal, Bl. II 175a (l. فيه) الكلام في الرؤيا قال ابو محمد ذهب صالح قبة تلميذ النظام الى ان الذي يرى احدنا في الرؤيا حق كما هو وان من رأى نفسه بالصين وهو بالاندلس فان الله عز وجل اخترعه في ذلك الوقت بالصين. Sâlih Kubba wird auch Fark, Bl. 40a erwähnt. Ueber die Frage vgl. auch Masâ'il, Bl. 79a.

[2] Amânât 2.

[3] Mit den Worten وعندهم ان النظر يؤدي الى الكفر ويخرج الى الزندقة werden Aeusserungen über den Kalâm gemeint, wie diejenigen der ältesten Imâme, über welche s. Zur Gesch. des Aš'aritenthums S. 84 ff. Fachr al-Dîn Râzî, Mafâtîh al-Ġejb ed. Bûlâk I 264. وعند هذا قيل من تعمق في الكلام تزندق Kût al-Kulûb I S. 137. وقال ايضا (يعني احمد بن حنبل) علماء اهل الكلام زنادقة وقال قبله ابو يوسف من طلب العلم بالكلام تزندق ومن طلب الدين بالفلسفة لم يسلم من الزندقة Al-'ikd al-farîd, I S. 218.

[4] فهو مما يقوم في عقل الانسان مثل استحسان الصدق S. 13 ويصل به قاصده الى العدل والحق ويستقبح الكذب Bemerkenswerth ist der Ausdruck صناعة النظر S. 1; 20; 38. Sonst wird der Kalâm mit علم النظر والاستدلال bezeichnet. So ist auch bei Josef Kimchi ספר ס S. 12 für חכמת המחקר פלג זה לסנן zu lesen.

Wie alle Mutakallimûn, beginnt auch Sa'adja seine Darstellung der religiösen Lehren des Judenthums mit der Lehre von der Schöpfung der Welt. Die Beweise, welche er für diese anführt, sind im Verhältniss zu denen, welchen wir in späteren Kalâmwerken begegnen, sehr einfach. Aus der Endlichkeit der Dinge im Raume schliesst er auf ihre Endlichkeit in der Zeit, also auf ihre Schöpfung, aus dem Umstande, dass alles Seiende zusammengesetzt ist, welche Zusammensetzung etwas Geschaffenes ist, auf ihr Geschaffensein, ebenso aus der Thatsache, dass die Dinge von Accidenzen nicht frei sind, dass sie nothwendig einen Anfang haben müssen. Der vierte Beweis ist von der Natur der Zeit hergenommen. Von dem gegenwärtigen Zeitpunkt ist das Aufsteigen in eine unendliche Vergangenheit oder Zukunft undenkbar, denn die Theilbarkeit eines Unendlichen an einem bestimmten Puncte ist unmöglich, daraus folgt, dass die Zeit, also auch die Welt einen Anfang hat. Den Vorstellungen, welche den vier Beweisen zu Grunde liegen, begegnen wir auch bei al-Ǵuwejni[1]), wenn auch die Beweise eine abweichende Form haben. Die Welt besteht, das ist der Gedankengang des Ǵuwejnî, aus Substanzen und Accidenzen. Die Substanz ist die Unterlage[2]), das Accidens ist das, was von der Substanz getragen wird, wie die Farben, Gerüche, Geschmäcke, Leben, Tod, Wissen, Wollen u. s. w. Körper ist, was zusammengesetzt ist, aus der Zusammensetzung zweier Substanzen aber gehen zwei Körper hervor. Die Schöpfung der Welt wird erwiesen, wenn das Geschaffensein der Substanzen bewiesen wird, dies können wir aber auf Grund von vier Prämissen thun. Die erste ist, dass es Accidenzen giebt, die zweite, dass diese geschaffen sind, die dritte, dass die Substanzen unmöglich eines jeden Accidens bar sein können[3]), und die vierte, dass die geschaffenen Dinge unmöglich eine unendliche Reihe bilden können. Mit Hülfe dieser Prämissen kann dann erwiesen werden, dass die Substanz nicht früher, als die geschaffenen Dinge dagewesen sein könne, womit ihre Schöpfung bewiesen ist. — Wenn auch al-Ǵuwejnî später lebte als Sa'adja, so bedient er sich doch solcher Vorstellungen, welche er in älteren Kalâmwerken vorgefunden hat und wir sehen, dass beide unter dem Einflusse derselben Gedanken stehen.

Den vier Beweisen lässt Sa'adja die Widerlegung eines Einwurfes folgen[4]), der gegen den letzten Beweis gemacht worden ist. „Ich erfahre, sagt Sa'adja, dass ein Ungläubiger, der einem Einheitsbekenner begegnete, gegen diesen Beweis den Einwurf erhob, dass es wohl möglich sei, dass der Mensch eine Unterbrechung des aus unendlich vielen Theilen Bestehenden annehme, denn wie viele Meilen oder Ellen der Mensch auch gehe, können wir doch in unserem Herzen annehmen, dass sie aus unendlich vielen Theilen zusammengesetzt seien. War doch ein Denker gezwungen Atome[5])

[1]) Iršâd, Bl. 4 b u. ff.

[2]) المتحيز: Raumfassendes.

[3]) Dass über diese Frage von den Mu'taziliten schon verhandelt worden ist, zeigt folgende Stelle, Masâ'il 21 a.
مسئلة فى ان الجوهر يجوز ان يخلو من كل عرض ما خلا الكون ، ذهب شيخنا ابو هاشم الى ان الجوهر يجوز خلوه من اللون والطعم والرائحة ونحوها غيرها من الاعراض ما خلا الكون . . . وقال شيخنا ابو القاسم لا يجوز خلو الجوهر من اللون والطعم والرائحة والحرارة والبرودة والرطوبة واليبس والى هذا كان يذهب الشيخ ابو على وكان يقول ان المحل اذا احتمل عرضا من الاعراض له ضد لم يجز ان يخلو منه ومن ضده وانما لم يكن له ضد لم يجز ان يخلو منه ،

[4]) Amânât 36.

[5]) Der Atomenlehre begegnen wir schon bei Abû-l-Hudejl al-'Allâf. Fark 48a. الفضيحة العاشرة من فضائحه قوله بان الجزء الذى لا يتجزى لا يصح قيام اللون به اذا كان منفردا ولا تصح رؤيته اذا لم يكن فيه لون وهذا يوجب عليه ان الله تع لو خلق جزا منفردا لم يكن رائيا والحمد لله الذى انقذ اهل السنة من البدع. Milal II 213a. قال ابو محمد ذهب جمهور المتكلمين الى ان الاجسام تتجزى الى اجزاء

anzunehmen, ein anderer aber hat „den Sprung“ angenommen[1]), und ein dritter behauptete, dass viele Atome mit vielen anderen Atomen zusammenfallen[2]). Ich habe mir den Einwurf überlegt und fand ihn trügerisch, denn die Theilung eines Dinges bis ins Unendliche ist wohl denkbar[3]), in actu aber nicht möglich, denn das Ding wäre viel zu klein, als dass wir etwas damit anfangen, oder es gar zertheilen könnten. Wenn nun die Zeit durch eine (gegenwärtige) Existenz nur in Gedanken, aber nicht in Wirklichkeit getheilt würde, so würde dies den Beweis als zweifelhaft erscheinen lassen, wenn aber die Existenz die Zeit in Wirklichkeit theilt, so dass dies auch bei uns stattfindet, so ist die erwähnte Behauptung keine Widerlegung unseres Beweises.“

Nachdem Sa'adja die Lehre von der Schöpfung aus Nichts dargelegt, werden von ihm dreizehn Ansichten über die Entstehung der Welt vorgeführt, die er zu widerlegen sucht. Diese Anschauungen oder Elemente derselben sind zwar grösstentheils bei den alten griechischen Philosophen zu finden und es ist auch möglich, dass manche dem Sa'adja durch die Schriften des Aristoteles bekannt geworden sind, aber gewiss haben viele dieser Anschauungen auch unter den Zeitgenossen des Sa'adja Anhänger gehabt[4]).

Von der zweiten Ansicht, nach welcher Gott die Welt mit Hülfe geistiger Potenzen geschaffen hätte[5]), sagt Sa'adja selbst, sie hätte auch unter den Juden Anhänger gehabt, auch die in dritter

صغار لا يمكن البتة ان يكون لها تجزء وان تلك الاجزاء جواهر لا اجسام. Natürlich stammt die Atomistik des Kalâm auch von Demokritos, von dessen Anschauungen die Mutakallimûn die Ansichten vom „Vollen und vom Leeren“ (الخلاء والملاء), und von der Existenz des Nichtseienden entlehnt haben. Die Quelle scheint Arist. Metaph. I 4 zu sein. Der Name für „Atom“: الجزء الذى لا يتجزى entspricht dem gr. ἄτομον. Die Bezeichnung الجوهر الفرد ist späteren Ursprunges. Ueber die dem Demokritos entlehnten Anschauungen s. Zeller, die Philosophie der Griechen, I S. 846, 849. Gegenüber der Ansicht, dass die Privationen etwas Existirendes seien, verhält sich Sa'adja ablehnend. Hierin widersprach er der Ansicht der meisten Mu'taziliten, aber nicht aller Mutakallimûn, denn die Aš'ariten verwarfen diese Ansicht. Die Belege hierfür s. unten im Cap. über Maimonides. An der von Guttmann a. a. O. S. 63 A. 2 angeführten Stelle des Šarastâni ist von dieser Frage gar nicht die Rede.

¹) Bekanntermaassen die Anschauung al-Naẓẓâms, s. Guttmann, a. a. O. S. 43 A. 1. Die Anschauung wird von al-Baġdâdi bezeugt, Fark 49a, 54a. Ibn Hazm, Milal II 200. الكلام فى الطفرة قال ابو محمد نسب قوم من المتكلمين الى ابراهيم النظام انه كان يقول ان المار على سطح الجسم يصير من مكان الى مكان بينهما اماكن لم يقطعها هذا المار الخ.

²) Das scheint mir der richtige Sinn der Worte: قال بوقوع اجزاء كثيرة على اجزاء كثيرة بعضهم zu sein und die Ansicht wird durch die Bemerkung Milal II 198b erklärt: قال ابو محمد ذهب القائلون بان للاجسام الوان الى المداخلة ومعنى هذه اللفظة ان الجسمين يتداخلان فيكونان جميعا فى مكان واحد.

³) Die Theilbarkeit der Körper bis ins Unendliche hat al-Naẓẓâm angenommen. Fark 53a. الفضيحة العاشرة من فضائحه قوله بانقسام جزء لا الى نهاية وفى ضمن هذا القول احالة كون الله تع محيطا باجزاء العالم عالما بها.

⁴) Für das Verständniss der Stelle ist besonders lehrreich das Capitel Milal I 18a, الكلام على من قال ان فاعل العالم ومدبره اكثر من واحد Aus diesem erfahren wir, dass Muhammed b. Zakarijâ' al-Râzi, dessen pessimistische Anschauungen auch Maimonides erwähnt (More III, 12), in seinem Werke العلم الالهى, gegen welches Ibn Hazm ein besonderes Werk geschrieben hat, unter persischem Einflusse stand. Bl. 18b heisst es: واما الفرقة الثانية فانها تذهب الى ان العالم هو محدثه لا غيرهم البتة وهم الديصانية والمرقيونية والمنانية القائلون بازلية الطبائع بسائط غير ممتزجة ثم حدث الامتزاج فحدث العالم بامتزاجها Sa'adja polemisirt also, wie in der Regel die Mutakallimûn, gegen die Anschauung alter Gnostiker.

⁵) S. das Responsum in Harkavy's זכרון לראשונים IV S. 199, Nr. [illegible] und תשובות הגאונים ed. Lyck, Nr. 28. Zur richtigen Erklärung der Stelle s. Bacher, die Bibelexegese der jüd. Religionsphilosophen S. 15.

Reihe erwähnte pantheistische Anschauung wird unter seinen Zeitgenossen Bekenner gefunden haben. Die sechste Ansicht, nach welcher die Dinge aus den vier natürlichen Eigenschaften, der Wärme, Kälte, Nasse und Trockenheit geschaffen worden wären, ist, wie wir durch Abû Rašîd al-Nisâbûri[1]) erfahren, die Ansicht des Abû-l-Ḳâsim al-Ka'bi, des Bagdâder Mu'taziliten[2]). Durch denselben erkennen wir auch, dass die Widerlegung der Mu'taziliten von Baṣra in manchen Puncten eine Verwandtschaft mit der Argumentation des Sa'adja zeigt. Auch die Ansicht der Skeptiker, deren Ansicht bei Sa'adja Madhab al-wuḳûf heisst[3]), und die Ansicht der Mutaǵâhilin haben unter den Arabern ihre Vertreter gehabt[4]).

Am Schlusse des Capitels[5]) über die Schöpfung äussert Sa'adja seine Anschauungen über Raum und Zeit, um den Einwurf zu widerlegen, ob denn der Weltraum vor der Schöpfung leer gewesen sei. Hierbei verwirft er die Ansicht der Baṣrensischen Mu'taziliten[6]), nach welchen der Raum

[1]) Masâ'il 57b. مسئلة في الطبائع * ذكر ابو القسم فيما خالف فيه اصحابه ان الاجسام التي تظهر في العالم تكون من الطبائع الاربع وان [ما] كان الله قادرا على ان يحدث الا من هذه الطبائع وذكر ان الاجسام طبائع بها تنهى ان يفعل فيها ما يفعله الذي القدر بقدرته وذكر ان في الحنطة خاصية وانه لا يجوز ان ينبت منها الشعير ما دامت الطبيعة فيها . . . فقال في كتاب عيون المسائل ان الانسان وكل هذه الاجسام التي تبتدئ وتفسد مخلوقة من الطبائع الاربع وهذه يستحيل بعضها الى بعض والذي يذهب اليه مشائخنا ان الطبع غير معقول وانه تع قادر على ان ينبت من الحنطة وهي على ما هي عليه شعيرا ويخلق من نطفة الانسان اي حيوان اراد ولا نقول انه يخلق الانسان من الطبائع ولا من اصول غيرها والذي يدل على ما ذكرنا من ان الطبع غير معقول انه لو كان معقولا لامكن العلم به لكان العلم به ان يكون مكتسبا او ضروريا ولا يمكن ادعاء الضروري فيه الخ. Das. 13a findet sich das Capitel: النقض على اصحاب الطبائع. Die Ansichten der arabischen Philosophen über diese natürlichen Eigenschaften und über ihren Zusammenhang mit den vier Elementen sind zusammengestellt im interessanten Schriftchen des Isak Abravanel [illegible] gedruckt mit der Schrift [illegible] Amsterdam 1739, Bl 52a ff.

[2]) Ueber denselben s. Steinschneider, Pol. Lit. S. 26.

[3]) Sonst heissen sie الواقفية z. B. bei al-Gazâlî, Tahâfut al-falâsifa S. 5. Ihre Ansicht wird auch mit den Worten تكافؤ الادلة bezeichnet, weil sie behaupteten, alle Beweise wären gleich werthvoll oder werthlos. S. ZDMG XLII S. 615 ff.

[4]) Sa'adja meint S. 49, diese Skeptiker sollten von der Richtigkeit der Sinneswahrnehmungen in der Weise überzeugt werden, dass man sie Hunger und Durst leiden liesse oder dass sie durchgeprügelt werden, ein Recept, nach welchem der Hoftheologe Thumâma b. Ašras in der Gegenwart des Chalifen al-Ma'mûn einen solchen Skeptiker behandelt hatte. Al-'ikd al-farîd I S. 268 Die Ansicht stammt übrigens aus der Topik des Aristoteles S. Josef Ibn Zaddik, Mikrokosmos S. 5. In 'Abd al-Wahhâb al-Kudwâ'i al-Kanaûǵi's بكر المخاطب HS. der kön. Bibl. zu Berlin, Ahlwardt, Nr. 1851, Bl. 213a, findet sich über diese Anschauungen folgende Stelle: الواقفية يقولون انه لا يمكن معرفة الله تع وتوقفوا فيها وقالوا فيه ابياتا بالفارسية والعربية. Die arab. Verse lauten:

لا يعرف الحق الا من يعرفه * لا يعرف الله من المحدث الفاني وقال العجز عن معرفة الله هو المعرفة.

Zum letzteren Gedanken s. Kaufmann, die Theol. des Bachja Ibn Pakuda S. 87 A. 2, 89, A. 1. Bei 'Abd al-Wahhâb, das. heisst es weiter: ومنهم المتجاهلة وهم قوم يضربون المزامير ويشربون الخمر ويأتون ببعض الفواحش ويلبسون ثياب الفقه (الثقلا L.).

[5]) Amânât 71.

[6]) Masâ'il 92b. مسئلة في ماهية المكان * ذهب شيوخنا الى ان المكان ما اعتمد عليه الجسم الثقيل على وجه ثقله ويمنع اعتماده من توليد الهوى وقال شيخنا ابو القسم ان المكان ما احاط بغيره من جميع جوانبه وهذا ايضا خلاف في عبارة وهو اسم المكان على ما لنا يقع والصحيح ما قاله

das sei, worauf die Körper stehen, vielmehr neigt er der Ansicht zu, nach welcher der Raum durch das Zusammentreffen der Körper entsteht. Die Zeit aber ist nach ihm erst mit den Sphären geschaffen, daher kann von ihrer Existenz vor der Schöpfung nicht die Rede sein[1]).

Das Ziel, das sich Sa'adja gesteckt hat, war, seine zweifelnden und in sinnlichen Vorstellungen von Gott befangenen Glaubensgenossen von ihren Irrthümern zu befreien und so sehen wir, dass er im zweiten Capitel sich gegen diejenigen wendet, deren religiöse Vorstellungen ihm anstössig waren. Manche wollten von einer Erkenntniss Gottes nicht hören, weil sie diese für unmöglich hielten[2]), manche meinten es gäbe eine noch höhere Erkenntniss, als diese, manche wieder hatten anthropomorphistische Vorstellungen, oder solche, die mit Bezug auf Gott zur Annahme von materiellen Eigenschaften führten. Nachdem er diese Ansichten, von denen wir in den von uns benutzten Kalâmwerken nur die Ansichten der Muǵassima wiederfinden, zurückgewiesen, setzt er die eigenen Anschauungen auseinander. Vor Allem werden die Beweise für die Einheit Gottes vorgeführt, denen wir zum Theil auch bei den späteren jüdischen Schriftstellern, die unter dem Einfluss des Kalâm gestanden haben, begegnen. Unter den muhammedanischen Mutakallimûn finden wir bei al-Ǵuwejni einige Bemerkungen, die mit den Anschauungen des Sa'adja übereinstimmen. Sie beziehen sich auf den Beweis, der im Kalâm دليل التمانع „der Beweis der gegenseitigen Hemmung" genannt wird. Wenn wir annehmen, heisst es bei al-Ǵuwejni, dass es zwei Götter giebt und voraussetzen, dass der eine Gott einen Körper bewegen, der andere aber ihn ruhen lassen will, so müsste in demselben Subject zur selben Zeit Ruhe und Bewegung stattfinden. Das ist aber unmöglich, dass der Wille der Götter nicht geschehe, denn dann gäbe es ein Substrat, das ihrem Willen nicht unterworfen ist, was ihrer göttlichen Natur widerspricht[3]).

Sa'adja hebt drei Attribute hervor, denen er eine grosse Bedeutung beilegt: das Leben, die Allmacht und Weisheit Gottes. Diese Attribute sind aber nach ihm nicht als getrennt im Wesen Gottes zu denken, vielmehr sind sie mit dem Wesen Gottes eins, nur ist die Sprache des Menschen unfähig, sie mit einem Worte zu bezeichnen. Kaufmann hat schon nachgewiesen, dass der Urheber dieser Anschauung Abûl-Huḏejl al-'Allâf war[4]). — Ebenso wie die Mutakallimûn, schliesst auch

---

شيرخف لان اهل اللغة لا يصفون القلنسوة المحيطة بالراس بانها مكان للراس ولا يصفون القميص المحيط بالانسان بانه مكان له.

¹) S. Kaufmann a. a. O. S. 306—308.

²) Am. 76. Wahrscheinlich eine Anspielung auf die Ansicht der Mukallida, nach welcher der Mensch durch die eigene Forschung nie zu einem sicheren Resultate gelangt.

³) Iršâd, 12a. والدليل عليه (يعنى على ان الله تع واحد) ان لو قدرنا الالهين وفرضنا الكلام فى جسم وقدرنا من احدهما ارادة تحريكه ومن الثانى ارادة تسكينه فيتعدى من وجوه مستحيلة كلها وذلك انا لو فرضنا نفوذ ارادتيهما ووقوع مراديهما لافضى ذلك الى اجتماع الحركة والسكون فى المحل الواحد والدليل منصوب على اتحاد الوقت والمحل ويستحيل ايضا الا تنفذ ارادتاهما فان ذلك يؤدى الى خلو المحل القابل الحركة والسكون Damit stimmt genau überein, was Sa'adja S. 82 über den Gegenstand sagt.

⁴) Attributenlehre S. 33 ff. Fark 46b. والخصيصة الرابعة من فضائحه قوله بان علم الله سبحانه هو الله وقدرته هى هو ويلزمه على هذا القول ان يكون الله تع علما وقدرة الخ Milal, I 141b. Ibn Abî Uṣejbi'a I S. 36 erzählt, dass Manche von den Bâṭinijja dem Empedocles gefolgt sind und führt an eine Bemerkung des Muhammed b. 'Abdallah b. Murra aus Cordova: قال وانبذقليس اول من ذهب الى الجمع بين معنى صفات الله تعالى وانها كلها تؤدى الى شى واحد وانه ان وصف بالعلم والجود والقدرة فليس هو ذا معان متميزة تختص بهذه الاسماء المختلفة بل هو الواحد بالحقيقة الذى

Sa'adja an seine Attributenlehre die Polemik gegen die Lehre von der Trinität und seine Angaben stimmen vollkommen mit dem überein, was die muhammedanischen Theologen von der Auffassung der Trinitätslehre mittheilen [1]). Diese erwähnen nämlich ebenfalls die Anschauung mancher Christen, nach welchen unter der Person des Sohnes das Wort, das Wissen Gottes und unter dem heiligen Geiste das Leben zu verstehen sei.

Auch in seiner Erklärung der anthropomorphistischen Ausdrücke der Schrift lässt sich der Einfluss der Mu'taziliten nachweisen. Von Abû-l-Kasim al-Ka'bi berichtet 'Abd al-Kâhir al-Bagdâdi [2]), er habe gegenüber den Mu'taziliten von Basra behauptet, Gott sehe nicht die Dinge, sondern kennt sie, während jene behaupteten, Gott sehe zwar sich selbst nicht, aber wohl die Dinge. Ebenso meinte al-Ka'bi, Gott höre nicht, aber er weiss Alles, was gehört wird. Er leugnete mit al-Nazzâm den Willen Gottes und erklärte die Stellen des Korâns, wo vom Willen Gottes die Rede ist, es sei damit das Thun und das Gebot Gottes gemeint. Mehrere Beispiele dafür, wie anthropomorphistische Aeusserungen von muhammedanischen Theologen [3]) aufgefasst wurden, finden wir bei al-Ĝuwejni. Nachdem dieser As'arite ist,

لا يتكثر بوجه من الوجوه اصلا بخلاف سائر الموجودات . . . قال والى هذا المذهب في الصفات ذهب ابو الهذيل محمد بن الهذيل العلاف . Irsâd 17b. S. auch Kaufmann, Attr. S. 309. يذهب على القول
في اثبات العلم بالصفات مذهب اهل الحق ان البارى تعالى حى عالم قادر مريد له الحياة القديمة والعلم القديم والقدرة القديمة ومن تابعهم من اهل الاهواء على نفى الصفات ثم اختلفت اراؤهم في التعبير عن وصفه باحكام الصفات فقال قائلون انه حى عالم قادر لنفسه واختار الاخرون عبارة اخرى فقالوا هذه الاحكام ثابتة له لنفسه وقال ابن الجبائى ثابتة للذات لكونه على حالة هى اخص صفاته وتلك الحالة توجب له حكما وهو كونه عالما قادرا والمذهب الذاهبون من نفات الصفات الى ان البارى تعالى عن قولهم حى عالم قادر لا لعلل ولا لنفسه. In welchem Masse die Anschauungen des Sa'adja jüdische Schriftsteller beeinflusst haben, sehen wir am Beispiele des Kajruwâner Talmudgelehrten, Nissim b. Jakob, der in der Einleitung zu seinem [illegible] sagt. „gelobt sei der Gott Israëls, der seinem Wesen nach weise ist und seine Weisheit ist nicht Etwas ausser ihm, der allwissend ist und seine Allwissenheit ist nicht erworben". Auch die folgenden Sätze enthalten mu'tazilitische Anschauungen. Er schliesst: „der keine Gebote erlässt ohne früher (dem Menschen) Kraft verliehen zu haben (sie zu erfüllen)." Das ist ein regelrechtes mu'tazilitisches Glaubensbekenntniss. Der Einfluss des Sa'adja gibt sich auch kund in einer Erklärung, die er zu Berâchôth 82b gibt, wie auch in einem Responsum dogmatischen Inhalts, mitgetheilt in Heilberg's נטעי נעמנים 16a ff. Das. 16b ist für [illegible] zu l. [illegible].

[1]) Irsâd, 11a. وذهبت النصارى الى ان البارى سبحانه وتعالى عن قولهم جوهر وانه ثالث ثلاثة وعنوا بكونه جوهرا انه اصل الاقانيم والاقانيم ثلاثة الوجود والحياة والعلم ثم يعبرون عن الوجود بالاب وعن العلم بالكلمة وقد يسمونه الابن ويعبرون عن الحياة بروح القدس ولا يعنون بالكلمة الكلام فان الكلام مخلوق عندهم S. auch Guttmann, a. a. O. S. 107 ff.

[2]) Fark 71b. وخالف البصريين من المعتزلة في اصول كثيرة منها ان البصريين منهم اقروا بان الله تع يرى خلقه من الاجسام والالوان وانكروا ان يرى نفسه كما انكروا ان يراه غيره وزعم الكعبى ان الله تع لا يرى نفسه ولا غيره الا على معنى علمه بنفسه وبغيره وتبع النظام في قوله ان الله تع لا يرى شيا على الحقيقة . . . . وخرج الكعبى والنظام واتباعهما عن هذين القولين وزعموا انه ليست لله تع ارادة على الحقيقة وزعموا انه اذا قيل ان الله عز وجل اراد شيا من فعله فمعناه انه فعله واذا قيل انه اراد من عنده فعلا فمعناه انه امر به. S. auch Kaufmann a. a. O. S. 69, 150.

[3]) Ueber die Aeusserungen Ibn Hazm's s. Goldziher, Die Zâhiriten S. 143 ff.

so werden wir aus seinen allegorischen Erklärungen schliessen können, dass seine mu'tazilitischen Vorgänger in der Allegorese viel weiter gegangen sind. In seinen Ausführungen über die Namen Gottes erwähnt er, dass manche Aš'ariten die Ausdrücke: die Hände, Augen, Gesicht Gottes als Attribute betrachtet haben. Er selbst ist aber der Ansicht, das unter den Händen Gottes seine Macht, unter seinen „Augen“ sein Leben, unter dem „Angesicht“ seine Existenz zu verstehen sei[2]).

Aus dem ersehen wir, dass die allegorische Erklärung anthropomorphistischer Ausdrücke seit al-Naẓẓâm im Kalâm zu Hause war. Sa'adja konnte sich zwar auf die Umschreibungen der Targumim berufen, er hat es auch gethan, aber das Beispiel der Mutaziliten ist auf ihn nicht ohne Einfluss geblieben. Dies beweist auch seine Anschauung über das „Sehen Gottes“, worüber unter den muslimischen Theologen sehr viel gestritten wurde[3]). Sa'adja schliesst sich der mu'tazilitischen Ansicht und der Begründung derselben an[4]).

Zu wiederholten Malen[5]) gibt Sa'adja der Ansicht Ausdruck, dass Gott das Unmögliche nicht möglich, dass er aus gestern nicht heute, aus fünf nicht mehr als zehn machen kann. Auf die Frage eines Ungläubigen antwortete er, die Allmacht Gottes erstrecke sich auf alle Dinge, dass Absurde sei aber kein Ding. Durch Ibn Hazm erfahren wir[6]), dass dies die Anschauung aller Mu'taziliten war[7]).

Das dritte Capitel des religionsphilosophischen Werkes des Sa'adja enthält die Eintheilung und Begründung der Gebote und Verbote des Judenthums. Wenn auch Sa'adja seine Eintheilung derselben in Vernunft- und Offenbarungsgebote auf die Bemerkungen des Sifrâ hätten stützen können, so steht

[1]) Iršâd 84a. فصل • ذهب بعض ائمتنا الى ان اليدين والعينين والوجه صفات الرب تع والسبيل الى اثباتها السمع دون قضية العقل والذى يصح عندنا ان حمل اليدين على القدرة وحمل العينين على البصر وحمل الوجه على الوجود.

[2]) S. Bacher, Die Bibelexegese der jüdischen Religionsphilosophen S. 13.

[3]) S. Zur Geschichte des Aš'ariteuthums S. 102.

[4]) Amânât 106. Iršâd 38a. ثم معظم المعتزلة متفقون على ان البارى تعالى لا يرى نفسه وهو فى معتقد هؤلاء مستحيل ان يرى بالحواس ويستحيل ان يرى من غير حاسة وذهب شر ذمة من المعتزلة الى ان البارى تعالى يرى نفسه وانما يمتنع على المحدثين رويته من حيث لا يرون الا بالحاسة وقد ذهبت شر ذمة من المعتزلة Ueber شعاع s. Kaufmann, Die Sinne, S. 108. Iršâd Bl. 40a. واتصال الاشعة. انى ان موسى هم كان يعتقد جواز الرؤية عندنا واعلمه الله انه لا يجوز ذلك عليه. Die entsprechenden Stellen der Bibel werden auch von Sa'adja behandelt, der seine Bemerkungen mit den Worten einleitet: وقد حير بعض الناس فى خبر משה רבנו الخ

[5]) Amânât 20. 110.

[6]) Milal II 142b. وكلهم (يعنى المعتزلة) لا يحاشى احدا يقولون انه عز وجل لا يقدر على المحال ولا على ان يجعل الجسم ساكنا متحركا معا وهذا تعجيز مكشوف لله عز وجل وليجب النهاية والانقطاع لقدرته عز وجل تعالى الله عن ذلك علوا كبيرا وقال ابو الهذيل محمد بن الهذيل بن عبد الله بن مكحول العلاف مولى عبد القيس بصرى احد رؤساء المعتزلة ومقدميهم ان لما يقدر الله عز وجل عليه احدا ولقدرته نهاية لو خرجت الى الفعل ولن يخرج لم يقدر الله تع بعدها على شى اصلا ولا على احياء بعضه (بعد l.) ميتة ولا على تحريك ولا ساكنة ولا على تسكينها ان تحركت ولا ان يفعل شيا' Die Stelle scheint corrupt zu sein.

[7]) Sa'adja sagt S. 2 وكما قرب بعض الموحدين. Darunter ist wohl kaum ein Jude zu verstehen.

es doch ausser allem Zweifel, dass die Eintheilung den Mu'taziliten entlehnt ist [1]). Ebenso folgt er diesen in der Polemik gegen die Brahmanen [2]), in den Ausführungen über die Propheten [3]) und deren Unfehlbarkeit [4]). An die letztere Frage schliessen sich an seine Bemerkungen darüber, warum die Offenbarung durch Menschen und nicht durch Engel geschehen ist [5]). Nach einigen polemischen Bemerkungen gegen die Ansicht Ibrâhîm Ibn Sajjâr al-Nazzâms [6]) in Betreff die Berechtigung der Tradition, als Erkenntnissquelle, folgen seine Ausführungen über die Abrogation, die aber schon vielfach beleuchtet worden [7]).

Auch in der Behandlung der Lehre von der Gerechtigkeit Gottes und der Anschauungen, welche mit ihr im Zusammenhang stehen, zeigen sich bei Sa'adja die Einflüsse der mutazilitischen Literatur. Er beginnt das vierte Capitel, welches sich mit diesen Fragen beschäftigt, mit dem Beweise dessen, dass der Mensch das vorzüglichste Geschöpf sei [8]), dem Gott die Willensfreiheit verliehen hat.

[1]) S. meine Bemerkungen in ZDMG XLII S. 635. Bemerkenswerth sind die Ausführungen über diese Gegenstände bei Ibn Mattawejhi 6a. والاصل فى ذلك ان التكليف لا بعد واحد (l. بد من احد) وجهين اما ان يكون تكليفا عقليا او تكليفا سمعيا والغرض بالعقلى ما يكون الطريق الى معرفته العقل وان كان ربما يختلف فقد يتوصل اليه تارة بالاضطرار وتارة بالاستدلال والمراد بالسمعى ما يكون طريق معرفته السمع وكله لا بد من الاستدلال فيه على ما تقدم فاذا بينت ذلك فالعقليات على ضربين احدهما ما يتفق المكلفون فيه لاتفاقهم فى سببه والثانى يختلفون لاختلافهم فى سببه ٠ فالاول ينقسم الى فعل وكف عن الفعل والفعل هو المعارف التى تتصل بالله عز وجل وعدله وهو مستحق من جهته من الثواب والعقاب ويعد فى هذا القبيل شكر نعم الله تع خصه دون نعم غيره مما لا يجوز انفكاك المرعية وما كان من القبيل الذى يعد فى الكف فكالامتناع من القبائح العقلية نحو الظلم والكذب وغيرهما من جهل وما شاكله ٠

[2]) S. ZDMG XLII S. 606 ff.

[3]) S. Monatschr. für Gesch. u. Wiss. des Judenthums 1886, S. 314. Zu den an dieser Stelle angeführten Quellen über die Ansichten der Mutakallimûn über die Wunder der Propheten und Heiligen ist noch hinzuzufügen Al-Kušejri, Risâla, S. 207 ff., Ibn al-Subkî, a. a. O. I S. 240 ff., wo die Einwürfe der Kadariten gegen die Wunder der Heiligen dargelegt und die verschiedenen Arten der Wunder aufgezählt werden. Al-Ša'râwî, Lawâkiḥ al-anwâr I S. 18. Al-jawâkît wa-l-ǵawâhir II, 126 ff. S. auch Goldziher, Muhammedanische Studien II 373 ff.

[4]) ZDMG, das S. 633. Al-Ša'râwî, Jawâkît II, 2 ff.

[5]) Hiermit steht im Zusammenhange die Frage, ob die Engel oder die Propheten, beziehungsweise die Menschen höher stehen, die von den muhammedanischen Theologen häufig discutirt wurde.

[6]) S. oben S. 6.

[7]) S. Steinschneider, Polem. und apologetische Literatur S. 322 ff., Guttmann, a. a. O. S. 148 ff., Bacher, a. a. O. S. 43. Ich will hier nur bemerken, dass der fünfte Beweis für die Abrogation Am. S. 131, nach welchem aus den Veränderungen, welche die Dattel durchmacht, auf die Möglichkeit einer Willensänderung Gottes geschlossen werden soll, auf einer Auslegung von Sure VI 92 beruht.

[8]) Amânât S. S. 146 ff. Gegen die hier ausgesprochene Ansicht des Sa'adjâ polemisirt Abraham b. Ezra in seinem kürzeren Commentar zu Exodus, ed. Prag. S. 69 ff. und zu Jes. 40, 17. S. Munk, Notice sur R. Sa'adja Gaon, S. 8. Milal II, 178b heisst es: اى الخلق افضل ٠ قال ابو محمد ذهب قوم الى ان الانبياء عم افضل من الملائكة عم وذهبت طائفة تنسب الى الاسلام ان الصالحين غير النبى افضل من الملائكة وذهب بعضهم الى ان الولى افضل من النبى الخ. Die Frage, ob die Engel oder die Propheten höher stehen, wird auch von Fachr al-Dîn Râzî behandelt, Maf. V S. 697. Vgl. I, 872, II, 650. Al-Ša'râwî, Jawâkît II, 57 ff. Al-Îǵî S. 238 ff. und al-Ǵurǵânî berichten, dass die meisten Aš'ariten der Ansicht waren, dass die Propheten höher stehen als die Engel, während die Mu'taziliten, manche Aš'ariten und die Philosophen behaupteten, dass die Engel, d. h. die Sphärengeister höher stehen. Die Opposition Ibn Ezra's gegen Sa'adja wird also auf den bei ihm überwiegenden Einfluss der Philosophen zurückzuführen sein.— Mit der Ansicht Sa'adja's, die er im Emûnôth ausgesprochen, scheint seine Bemerkung, dass unter dem „Satan“, Hiob 1, 6, ein Mensch zu verstehen sei, da die Engel vom Neide frei sind, im Widerspruch zu stehen. Dieser kann aber dadurch gelöst werden, dass wir annehmen, Sa'adja wäre ebenso wie die Mutakallimûn der Ansicht

Die Willensfreiheit kommt nach Sa'adja vor der Handlung zur Geltung, wo es dem Menschen noch freisteht, etwas zu thun oder zu unterlassen, denn wenn dies mit der That gleichzeitig stattfinden würde, so könnte die Freiheit ebenso eine Folge der That, wie die That eine Folge der Freiheit sein, würde aber die Freiheit nach der That zur Geltung kommen, so müsste es möglich sein, dass der Mensch das Geschehene ungeschehen machen könnte, was aber absurd ist[1]). Die Bemerkung ist nur dann verständlich, wenn wir wissen, dass über die Frage der استطاعة bei den muhammedanischen Theologen sehr viel verhandelt wurde und dass Sa'adja in dieser Frage einer mu'tazilitischen Anschauung gefolgt ist[2]). Die orthodoxen Theologen und auch manche von denen, die als Ketzer betrachtet worden sind, behaupteten, dass die Willensfreiheit gleichzeitig mit der That bethätigt werde, viele Mu'taziliten, dass dies vor der Handlung stattfinde, andere wieder, dass die Freiheit sowohl vor, als auch gleichzeitig mit der That zur Geltung komme. Die Ansicht des S. stimmt mit derjenigen des Abû-l-Huḏejl al-'Allâf überein.

Für die Willensfreiheit hat Sa'adja Beweise, welche der sinnlichen Wahrnehmung, der Vernunft, der Schrift und der Tradition entnommen sind. Der erste Beweis ist, dass der Mensch es an sich selbst erfährt, dass er sich für die eine oder die andere That entschliessen kann[3]). Die Beweise, welche er der Vernunfterkenntniss entnimmt, sind, dass eine Handlung nicht von zwei Handelnden herrühren kann, was aber der Fall wäre, wenn Gott an den Thaten der Menschen Theil haben würde[4]), ferner, dass wenn die Thaten der Menschen von Gott vorher bestimmt waren, so hätten die Gebote und Verbote keinen Sinn. Auch könnten die Menschen für ihre Sünden nicht bestraft werden, vielmehr

gewesen, dass so wie der Mensch, dessen natürliche Leidenschaften seine Natur besiegen, niedriger steht als das Thier, so muss auch der Mensch, dessen Natur von seiner Vernunft besiegt wird, höher stehen als die Engel, die einen solchen Kampf nicht zu bestehen haben. S. Al-Igl, S. 290. Die Bemerkung des Sa'adja über Hiob I, 6, s. John Cohn, Das Buch Hiob übersetzt und erklärt vom Gaon Sa'adja, S. 19. Die Anführungen dieser Bemerkung bei Simon Dûrân und Abr. Ibn Ezra das. S. 6. 16. Bacher, Abr. Ibn Ezra als Grammatiker, S. 18. Guttmann a. a. O. S. 100 A. 1 bemerkt nicht, dass Abr. Ibn Ezra eben gegen diese Stelle des Emûnôth polemisirt. Die Frage wird auch im Pentateuchcommentar des Jefet ben 'Alî behandelt. S. Munk, Mélanges, S. 473.

1) Amânât 151. ورايت ايضا ان الاستطاعة يجب ان تكون قبل الفعل حتى تعطى الانسان الفعل والترك.

2) Milal I 177a. الكلام فى القدر، قال ابو محمد ره اختلف الناس فى هذا الباب فذهبت طائفة الى ان الانسان مجبر على افعاله وانه لا استطاعة له اصلا وذهبت طائفة اخرى الى ان الانسان ليس مجبرا واثبتوا له قوة واستطاعة بها يفعل ما اختار فعله ثم افترقت هذه الطائفة على فرقتين فقالت احداهما الاستطاعة التى تكون بها الفعل لا تكون الا مع الفعل ولا تتقدمه البتة وهذا قول طوائف من اهل السنة ومن وافقهم كالنجار والاشعرى . . وقالت الاخرى ان الاستطاعة التى تكون بها الفعل هى قبل الفعل موجودة فى الانسان وهو قول المعتزلة وطوائف من المرجئة . . . فقالت طائفة ان الاستطاعة قبل الفعل ومع الفعل ايضا للفعل وللترك وهو قول بشر بن المعتمر البغدادى وضرار بن عمرو الكوفى وعبد الله بن غطفان ومعمر بن عمرو العطار البصرى وغيرهم من المعتزلة وقال ابو الهذيل محمد بن الهذيل العبدى البصرى العلاف لا تكون الاستطاعة مع الفعل البتة ولا تكون الا قبله ولا بد ويفنى مع اول وجود الفعل، Dan. I 179a ist ein ganzes Capitel باب ما الاستطاعة. Mafâtîh III 17 احتج جمهور المعتزلة بهذه الاية ان الاستطاعة قبل الفعل الخ.

3) Maf. V S. 713 wird eine Bemerkung al-Gazâlî's aus dem Iḥjâ 'ulûm al-dîn angeführt: فان قلت فانى اجد فى نفسى وجدانا ضروريا انى ان شئت الفعل قدرت على الفعل وان شئت الترك قدرت على الترك فالفعل والترك بى ولا بغيرى واجاب عنه الخ.

4) Muhtawî Bl. 102 ff. Ueber die von mir benutzte Hs. dieses Werkes des Josef al-Baṣîr s. die Abhandlung Frankl's im V. Berichte der Lehranstalt für die Wissenschaft des Judenthums, S. 5 ff.

müssten die Gläubigen und Ungläubigen in gleicher Weise belohnt werden, da sie doch alle nothwendig so handeln mussten.

Nachdem Sa'adja seine Anschauungen also dargelegt, sucht er mehrere Einwürfe, welche gegen die Lehre von der Willensfreiheit erhoben worden sind, zu widerlegen. Manche werfen die Frage auf, warum denn Gott das Böse in der Welt dulde[1]), wozu die Gebote an den Frommen gerichtet werden, von dem doch Gott weiss, er werde sich gegen seinen Willen nicht empören[2]), wozu die Propheten an die Ungläubigen gesandt wurden[3]) und endlich wenn die Märtyrer wegen ihrer Sünden, oder als Versuchung den Tod erdulden müssen, warum sollten dann ihre Peiniger bestraft werden. Alles Fragen, die auch von den muhammedanischen Theologen behandelt wurden.

Mit der Erklärung von Stellen der Schrift, welche seiner Anschauung zu widersprechen scheinen, schliesst Sa'adja das Capitel.

Wenigen Spuren des Einflusses, den die muhammedanische Literatur ausgeübt hat, begegnen wir im Capitel über „Verdienst und Schuld"[4]). Der Grund davon mag darin liegen, dass die Frage vom Wohlergehen der Frevler und von den Leiden der Gerechten auch in der nachbiblischen jüdischen Literatur sehr häufig behandelt wird, so dass Sa'adja die zerstreuten Bemerkungen über diesen Gegenstand nur in einen ihn befriedigenden Zusammenhang zu bringen brauchte. Die Reflexion der Juden hat eben in diesem Puncte unter dem Einflusse der heiligen Schrift, insbesondere der prophetischen Schriften, reichlich Früchte getragen. Nichtsdestoweniger begegnen wir einigen Ausdrücken, welche auf den Einfluss des Islâms hinweisen. So ist der Ausdruck منزلة für die „Classen", in welche die Menschen nach ihrem Betragen in religiöser und sittlicher Beziehung eingetheilt werden, dem Kalâm entlehnt. War es doch eine neue, specifisch mu'tazilitische Lehre, dass Wâṣil Ibn 'Aṭâ' eine dritte „Classe" (منزلة بين منزلتين) für diejenigen angenommen hat, die eine Hauptsünde begangen haben[5]).

Das Wort ايمان wird von Sa'adja in dem Sinne gebraucht, dass es auch die Erfüllung eines einzelnen Gebotes bedeutet, was ebenfalls auf eine mu'tazilitische Anschauung hinweist, denn nach dieser war die Erfüllung eines einzelnen Gebotes ايمان[6]). Die Zusammenstellung der Bedingungen der Busse, des Gebetes, die Aufzählung der Sünden, die nie vergeben und derjenigen, die in dieser Welt geahndet werden, trotzdem für alle Belege aus der Schrift und aus dem Talmud angeführt werden, erinnert an die Art, wie dieser Gegenstand in ṣûfistischen Schriften behandelt zu werden pflegt.

Im Abschnitt, der über das Wesen der Seele und was damit zusammenhängt, handelt, wollte man bisher nur den Einfluss aristotelischer Anschauungen, oder solcher, die im Buche des Aristoteles über die Seele erwähnt werden, suchen[7]). Hier gilt es aber am meisten, was wir schon oben bemerkt haben, dass manche Anschauungen, welche von griechischen Philosophen zuerst ausgesprochen wurden, aber von den Peripatetikern verworfen worden sind, von den muhammedanischen Theologen wieder aufgenommen wurden, weil sie dieselben in ihrem System sehr wohl verwerthen konnten. Dies war der Fall bei der Atomenlehre und auch bei manchen Anschauungen über die Seele. Sa'adja erwähnt sieben Ansichten über das Wesen der Seele, die zwar zum Theil bei Aristoteles erwähnt werden, aber wir erfahren durch Ibn Hazm, dass diese Anschauungen auch unter den Mutakallimûn Anhänger gehabt haben. Die von Sa'adja erwähnten Anschauungen[8]) sind: 1. Die Seele ist ein Accidens;

1) Amânât 154 S. Al-Îgî S. 129.

2) Das. S. 155.

3) Das. S. Muḥt. Cap. 32. 38.

4) Ueber die im Eingange des Capitels erwähnten Physiognomiker القافة s. Goldziher, Muhammedanische Studien I 184.

5) Steiner, die Mu'taziliten, S. 74. Houtsma, a. a. O. S. 39. Eine andere Entlehnung s. bei Bacher Die Bibelexegese der jüdischen Religionsphilosophen S. 81 Anm. 3.

6) Amânât S. 172. s. Houtsma, a. a. O. S. 35, und die von mir, Zur Gesch. des Aš'aritenthums S. 28 angeführten Stellen.

7) Guttmann a. a. O. S. 195 ff. Schmiedl, Studien S. 127 ff.

8) Amânât 189 f.

2. Feuer; 3. Luft; 4. eine aus zwei Theilen bestehende Kraft, von denen der eine, der denkende, ewige, und der andere der thierische ist; 5. die Seele besteht aus zwei luftigen Substanzen, von denen die eine innerhalb, die andere ausserhalb des Körpers ist; 6. die Anschauung Anan ben Davids, nach welcher die Seele das Blut sei; die siebente ist die eigene Anschauung des Sa'adja auf die wir noch zurückkommen werden. Durch Ibn Hazm[1]) wissen wir nun, dass der Mu'tazilit Abû Bekr b. Abd al-raḥmân b. Kejsân al-Aṣamm die Existenz der Seele überhaupt leugnete, Abû-l-Hudejl al-'Allâf sich der Anschauung des Galenus anschloss, nach welcher die Seele ein Accidens sei, nur meinte Abû-l-Hudejl, die Seele sei ein Accidens, wie andere Accidenzen des Körpers, während Galenus die Seele als ein Product der Säfte des Körpers betrachtete. Nach der Ansicht des Abû Bekr al-Bâkilâni und anderer Aš'ariten ist die Seele der Athem, den der Mensch aus- und einathmet. Ibn Hazm erwähnt auch die Ansicht, nach welcher die Seele eine untheilbare geistige Substanz sei und die der meisten muhammedanischen Secten, nach welchen die Seele ein Körper wäre. Aus diesen Bemerkungen Ibn Hazms, denen er seine Widerlegung anschliesst, folgt, dass Sa'adja nicht nur die Anschauungen alter griechischer Denker, sondern auch solche muhammedanischer Theologen vor Augen hatte.

Die siebente Ansicht, welcher Sa'adja eine Erklärung von Koh. 3, 21 vorausschickt[2]) hält er für die richtige. Nach ihr ist die Seele eine feine Substanz, die noch höher steht an Reinheit, als die der Sphäre[3]), deren Wesen durchaus nicht den Sinnen entstammt.

[1]) Milal II 204b. قال ابو محمد اختلف الناس فى النفس فذكر عن ابى بكر ابن عبد الرحمن بن كيسان الاصمّ انكر النفس جملة وقال لا اعرف الا ما شاهدته بحواسى وقال جالينوس وابو الهذيل محمد بن الهذيل العلاف النفس عرض من الاعراض ثم اختلفا فقال جالينوس هى مزاج مجتمع متولد من تركيب اخلاط الجسد وقال ابو الهذيل هى عرض كسائر اعراض الجسم قال ابو محمد وقد رايت لجالينوس فى بعض كتبه انكر هذا القول وقالت طائفة النفس هى النسيم الداخل والخارج بالتنفس فهى النفس قالوا والروح عرض وهو الحياة فقط فهو غير النفس وهذا قول الباقلانى ومن تبعه من الاشعرية وقالت طائفة النفس جوهر ليست جسما ولا عرضا ولا لها طول ولا عرض ولا عمق ولا هى فى مكان ولا تتجزى وانها هى الفعالة المدبرة وهى الانسان وهو قول بعض الاوائل وبه يقول معمر بن عمرو العطار احد شيوخ المعتزلة وذهب سائر اهل الاسلام والملل المقرة بالمعاد الى ان النفس جسم طويل عريض عميق ذات مكان جثة مميزة مصرفة للجسد ونفس الانسان كذلك الا انه عاقلة متصرفة فى العلوم والصناعات قال ابو محمد وهذا نقول والنفس (ان النفس .l) والروح اسمان مترادفان لمعنى واحد ومعناهما واحد[4] Wie in der Begründung der hier an erster Stelle erwähnten Ansicht heisst es auch Amânât 190. ويقع لى ان الذى حملهم على هذا انهم لم يروها

[2]) Amânât S. 192 Z. 8 v. u. ist zu lesen: ان هل فضل لنفس الانسان على نفس البهائم ام لا

[3]) Die Ansicht des Sa'adja steht der al-Nazzâms am nächsten, wie dies aus folgenden Bemerkungen 'Abd al-Kâhir al-Bagdâdi's erhellt: Fark 50b. والفضيحة الثانية من فضائحه ان الانسان هو الروح وهو جسم لطيف مداخل لهذا الجسم الكثيف مع قوله ان الروح هى الحياة المشابكة لهذا الجسد وقد زعم انه فى الجسد على سبيل المداخلة وانه جوهر واحد غير مختلف ولا متضاد[4] Dass hier die Seele mit جسم bezeichnet wird, darf uns nicht beirren, denn den orthodoxen Verfassern der Sectengeschichten kam es auf die Anzahl der Ketzereien und nicht auf die Genauigkeit des Ausdrucks an. Bei Ibn Hazm an der oben A. 1 angeführten Stelle wird in der Darlegung derselben Ansicht auch der Ausdruck جوهر gebraucht. Wahrscheinlich eine Abweisung eines Punktes in der Ansicht al-Nazzâms enthält die Bemerkung Amânât 190 وفى هذا غلط ايضا من اعتقد ارتباط الحواس وتشبكها ومداخلتها

Sa'adja bespricht auch die Frage, ob Lohn und Strafe den Körper, oder den Geist treffen werden. „Wir sehen, heisst es, bei ihm, dass die Leute in Betreff dieses Capitels viel zweifeln. Der eine meint, dass Lohn und Strafe nur die Seele treffen, ein anderer wieder, dass dies nur mit dem Körper geschehen wird, ein dritter und das ist Benjamin al-Nehâwendi, denkt gar, dies werde bei den Knochen der Fall sein. Trotzdem, dass Sa'adja Schriftstellen anführt, welche allen diesen Ansichten zur Stütze dienten, so steht es doch ausser allem Zweifel, dass es sich hier um Anschauungen muhammedanischer Schriftsteller handelt, welche dann unter den Juden Anhänger gefunden haben mögen. Es war nämlich eine von den Mutakallimûn viel besprochene Frage [1]), ob das Wort „Mensch" nur den Körper, nur die Seele, oder beide beisammen bezeichnet. Die erste Ansicht vertrat Abû-l-Hudhejl al-'Allâf, die zweite Al-Nazzâm und auch die dritte Anschauung hatte Anhänger. Es ist klar, dass dieser Streit dogmatische Folgen hatte. Je nachdem, wie der Gebrauch des Wortes „Mensch" als richtig anerkannt wurde, ist auch die dogmatische Frage entschieden worden, ob der Körper oder der Geist das Object der Belohnung und der Strafe sei.

Auch die Frage, ob das Lebensalter (اجل) des Menschen nach Massgabe seiner Thaten von Gott verlängert oder verkürzt werden kann, wird von Sa'adja untersucht [2]) und auf Grund biblischer Erzählungen entschieden. Die Frage wird in den meisten Kalâmwerken ebenso behandelt [3]).

[1]) Milal II 200a. الكلام في الانسان. اختلف الناس على [ما] ذا يقع فذهبت طائفة الى انه انما يقع على الجسد دون النفس وهذا قول ابي الهذيل العلاف وذهبت طائفة الى انه انما يقع على النفس دون الجسد وهو قول ابراهيم النظام وذهبت طائفة الى انه يقع عليهما معا كالابلق الذي لا يقع الا عليهما معا السواد والبياض معا. Nachdem Ibn Hazm die Beweisstellen für diese Ansichten aus dem Korân und aus der Tradition angeführt, schliesst er: فقد ثبت ان الانسان اسم يقع على النفس دون الجسد ويقع ايضا على الجسد دون النفس ويقع ايضا على كليهما مجتمعين فنقول في الحي هذا الانسان وهو جسد ونفس ونقول للميت هذا انسان وهو جسد لا نفس فيه ونقول ان الانسان يعذب قبل يوم القيامة وينعم يعني النفس دون الجسد واما من قال انه لا يقع الا على النفس والجسد معا فخطأ يبطله الذي ذكرناه من النصوص التي فيها وقوع اسم الانسان على الجسد دون النفس وعلى النفس دون الجسد وبالله تع التوفيق. S. auch noch al-Gazâlî, Tahâfut al-falâsifa S. 87. Mafâtîh V 643 ff. werden die hierauf bezüglichen Ansichten in eingehender Weise besprochen. Von der Ansicht, nach welcher die Seele ein Accidens sei, welche der Zusammensetzung der Elemente zukommt, heisst es hier 646. هذا قول جمهور الاطباء ومنكري بقاء النفس وقول ابي الحسين البصري من المعتزلة. Die meisten Šejche der Mu'taziliten waren nach Fachr al-Dîn Râzî der Ansicht, dass die Bezeichnung „Mensch" bestimmten Körpern zukomme, welche die Eigenschaften der Macht, des Wissens und des Lebens besitzen, das Leben ist aber ein Accidens. Sie leugneten also die Existenz des Geistes und der Seele. Die meisten Philosophen sind nach ihm der Ansicht, dass mit dem Worte „Mensch" weder ein Körper, noch etwas Körperliches bezeichnet wird. Damit steht im Zusammenhange, dass sie die Existenz der Seele und eine geistige Vergeltung im Jenseits angenommen haben. Von dieser Ansicht bemerkt er dann: وذهب اليه جماعة عظيمة من علماء المسلمين مثل الشيخ ابي القسم الراغب الاصفهاني والشيخ ابي حامد الغزالي رحمهم الله ومن قدماء المعتزلة معمر بن عباد السلمي ومن الشيعة عندهم الشيخ المفيد ومن الكرامية جماعة. Bemerkenswerth ist noch die Ansicht des Thâbit b. Kurra: وكان ثابت بن قرة يثبت النفس ويقول انها متعلقة بجسم سماوية نورانية لطيفة غير قابلة الكون والفساد والتفرق والتمزق وان تلك الاجسام تكون سارية في البدن وما دام يبقى ذلك السريان بقيت النفس مدبرة للبدن.

[2]) Am. S. 2, 8.

[3]) Josef al-Basîr, Muhtawî 103a. ولهذا صح القول ان اجل الانسان وان كان زمان موته فقد يصح

Der talmudisch-midraschischen Literatur entlehnt Sa'adja einige eschatologische Anschauungen, die auch in den Islâm eingedrungen sind[1]).

Mit der Widerlegung der Lehre von der Seelenwanderung[2]) schliesst Sa'adja das Capitel.

Wenn auch Sa'adja seine Anschauungen über die Auferstehung schon auf Grund der zahlreichen Stellen der talmudisch-midraschischen Literatur formuliren konnte, so finden wir doch auch in dem Capitel, welche diese Lehre behandelt, manche Spuren muhammedanischer Einwirkung. Besonders ist dies der Fall bei den Einwürfen gegen die Auferstehungslehre und bei den Fragen, welche mit ihr zusammenhängen. Dem Einwande, dass Theile des menschlichen Körpers zum Aufbau anderer lebendigen Wesen und sogar menschlicher Körper aufgebraucht werden[3]), dass es also schwer sei zu denken, dass diese Theile wieder vereinigt würden, begegnen wir bei al-Gazâlî[4]), wo er als die Ansicht der Philosophen mitgetheilt wird. Diese werden aber wohl mit ihrer Anschauung nicht erst zur Zeit al-Gazâlî's hervorgetreten sein. Auch die übrigen Fragen und Einwürfe scheinen wenigstens zum Theil von den Mutakallimûn behandelt worden zu sein. So war Abû-l-Hudejl der Ansicht, dass die Menschen im „Jenseits" in ihren körperlichen Verrichtungen nicht frei sein[5]), dass sie zu einer Zeit überhaupt die

من هذا الانسان لو اطع ان ينسى الله اجله ويؤخره حيث عن اجل موته فلوقت الذي مات فيه هو اجل الموت والاجل الذي ذكرته مقدر لا محقق وهو معنى את מספר ימיך אמלא (שמות כג כו) יראת ד' תוסיף ימים ושנות רשעים תקצרנה (משלי י כז) فتعدى مقصر بنفسه عجلا واجلا ويغير بها من حيث انه قد يخترم من دون النوبة فيعتب. Im Commentar des Jehuda b. Balaam zu Jesaias, Revue des Études juives XXII 202—206 findet sich ein Responsum des Haj Gaon, welches denselben Gegenstand behandelt. S. darüber Bacher in ZATW XIII S. 158. Die Ansichten muhammedanischer Dogmatiker s. Mafâtîḥ IV S. 11.

[1]) Solche Vorstellungen sind die vom Todesengel, Amânât 204, ferner die Lehre von der Grabesstrafe. S. ausser den zur Geschichte des As'aritenthums S. 108 angeführten Stellen al-Ša'râwî, Jawâḳît II 178. Auch die Anschauung, dass die Seele nach dem Tode sich eine Zeit lang in der Nähe des Grabes aufhält, ist in den Islâm eingedrungen, wie die folgende Stelle bei Ibn Hazm Milal II 74a beweist. مستقر الارواح ۰ قال ابو محمد اختلف الناس في مستقر الارواح وقد ذكرنا بطلان قول اصحاب التناسخ في صدر كتابنا هذا والحمد لله رب العالمين فذهب قوم من الروافض الى ان ارواح الكفار ببرهوت وهو بحضرموت وان ارواح المؤمنين في موضع اخر اظنه الجابية وهذا قول فاسد لانه لا دليل عليه اصلا وما لا دليل عليه فهو ساقط . . . وذهب عوام من الناس الى ان الارواح على افنية قبورها وهذا قول لا حجة عليه الا خبر ضعيف لا يحتج بمثله لانه في غاية السقوط ولا يشتغل به احد من علماء الحديث . . . وبلغني عن بعضهم انه يزعم ان الجثة ترد الى عجب الذنب فهو يعذب او ينعم وتعلق بالحديث الثابت عن رسول الله صلعم كل ابن ادم تاكله التراب الا عجب الذنب منه يخلق وفيه يركب ۰

[2]) S. Anhang.

[3]) Amânât 230.

[4]) Tahâfut al-falâsifa 69. Die Einwürfe der Leugner der Auferstehung werden erwähnt Maf. IV S. 794. Das. S. 792 werden folgende Verse eines Dichters angeführt:

قال المنجم والطبيب كلاهما • لا تحشر الاموات قلت اليكما

ان صح قولكما فلست بخاسر • او صح قولي فالخسار عليكما

Die Aerzte und Astronomen waren auch in der muhammedanischen Welt unverbesserliche Ketzer in den Augen der Orthodoxen. Al-Îjî, S. 224, berichtet, die Mu'taziliten hätten die Auferstehungslehre angenommen. Die Ansichten der Philosophen finden wir das. S. 251 u. ff.

[5]) Fark 45a. والفضيحة الثانية من فضائح ابى الهذيل قوله ان اهل الآخرة مضطرون الى اكلهم

Fähigkeit zum Handeln verlieren werden, bei Sa'adja aber begegnen wir der Frage, ob die Auferstandenen essen und trinken und ob sie sündigen werden[1]). Die letztere Frage bringt er auch mit den Fragen in Zusammenhang, ob die Propheten ihre Verkündigung fälschen und ob die Engel sündigen können. Beide Puncte hatten im Kalâm ihre Stelle[2]).

Das achte Capitel, welches von der Messiasidee handelt, ist so specifisch jüdischen Inhaltes, dass hier in der Formulirung der Lehre muhammedanischer Einfluss ausgeschlossen erscheint[3]). Dieser zeigt sich aber wieder im neunten Capitel. Nachdem hier Sa'adja die Nothwendigkeit der Belohnung und Bestrafung im Jenseits nachzuweisen versucht[4]), wirft er zehn Fragen auf, die alle auf Grund biblischer und talmudischer Stellen beantwortet werden, aber die Formulirung einzelner Fragen verräth die Bekanntschaft mit den Streitfragen der muhammedanischen Theologie. Die zehn Fragen sind, worin der Lohn und die Strafe in der zukünftigen Welt bestehen würden[5]), wo diese stattfinden werden, ob es da Tag und Nacht geben wird, ob der Lohn und die Strafe ewig sein würden, ob es einen Unterschied zwischen dem Lohn und der Strafe der Menschen geben wird, ob die Menschen im Jenseits verkehren werden, ob es auch dort Gebote zu erfüllen geben wird. Von diesen Fragen ist ein grosser Theil auch in der muhammedanischen Literatur nachweisbar, so z. B. die Frage nach der Ewigkeit des Lohnes und der Strafe[6]). Die Mu'taziliten waren der Anschauung, dass Paradies und Hölle erst

يشربهم ويجمعهم وان اهل النار مضطرون الى اقوالهم وليس لاحد في الآخرة من الخلق قدرة على الاكتساب فعل ولا على الاكتساب قول والله عز وجل خلق اقوالهم وحركاتهم يحشر هم بيوم فيون به Vgl. dazu Amidî 223.

[1]) Sa'adja meint, dass die Auferstandenen nicht sündigen werden, worin er ebenfalls mit den Mu'taziliten übereinstimmt. Maf. IV S. 33 wird die Ansicht im Namen al-Gubbâ'î's und 'Abd al-ǵabbârs mitgetheilt.

[2]) S. oben S. 20. Ueber die Unfehlbarkeit der Engel s. al-Îǵî S. 287.

[3]) Wohl haben aber die jüdischen Anschauungen über die Vorzeichen des messianischen Zeitalters die muhammedanische Apokalyptik beeinflusst. Die Bezeichnung der apokalyptischen Schriften „Kutub al-malâhim" entspricht dem hebr. מלחמות כיף חמשה oder ר׳ מלחמות. Diese Bezeichnung findet sich Machsor Vitry, ed. Horowitz, S. 780. Die Literatur über die Zeichen des messianischen Zeitalters, s. bei Schürer, Gesch. des jüd. Volkes im Zeitalter Jesu Christi II S. 400 ff. Muhammedanische apokalyptische Traditionen sind aus den verschiedenen Traditionssammlungen zusammengetragen bei al-Ša'râwî, Muchtaṣar taḏkirat al-Kurṭubî S. 133 ff.

[4]) Er beginnt die Untersuchung über die Frage mit folgenden Worten: وإذ قد بينت هذه الاصول واحكمتها فاقول بعد ذلك ان الثواب والعقاب على الجسد جميع النفس والجسد واحد.

[5]) Dazu vgl. oben S. 18.

[6]) Milal II 82b. الكلام في بقاء الجنة والنار ابدا ، قال ابو محمد اتفقت فرق الامة كلها على انه لا فناء للجنة ولا لنعيمها ولا للنار ولا لعذابها الا جهم بن صفوان وابا الهذيل العلاف وقوما من الروافض فاما جهم فقال ان الجنة والنار يفنيان ويفنى اهلهما وبلغني ان عبد الواحد بن زيد المعتزلي البصري الذي هو الآن عميد المعتزليين ببغداد يذهب الى هذا وقال ابو الهذيل ان الجنة والنار لا يفنيان ولا اهلهما الا ان حركاتهم تفنى ويبقون بمنزلة الجماد لا يتحركون وهم في باب الثواب لذلك احياء ملتذون او معذبون الخ. Iršâd 82a ff. findet sich ein Capitel mit der Ueberschrift: باب الثواب والعقاب, wo die Ansicht der Mu'taziliten folgendermaassen wiedergegeben wird: وذهبت المعتزلة الى ان الثواب حتم على الله تعالى والعقاب واجب على مقترف الكبيرة اذا لم يتب عنه ولا يجب العقاب عند الاكثرين القائلين بوجوب الثواب وان الثواب لا يجوز حطه والعقاب يجوز اسقاطه عند البصريين وطوائف من البغداديين Sa'adja geht in seiner Beweisführung von der Nothwendigkeit des Lohnes und der Strafe aus, er scheint daher den Bagdâdern sich angeschlossen zu haben, die auch die Nothwendigkeit der Strafe behaupteten. Al-Ǵuwejnî hat auch folgende Aeusserung: فصل ، يقال للمعتزلة ان سلم لكم استحقاق الثواب فلم زعمتم انه يثبت على التأبيد والعادات الصادرة من المكلفين منقضية فهلا بل اعراضها تثبت مع انتفاء الشبهة عنها.

in Zukunft geschaffen werden, da sie unter dem Paradies keinen irdischen Ort verstehen konnten. Ihre Gegner waren der Ansicht, dass beide schon geschaffen seien, das Paradies sei zwar kein irdischer Ort, aber es ist dasselbe, in welchem sich Adam aufgehalten[1]). Sa'adja meint mit den Mu'taziliten dass der Ort des Lohnes und der Strafe in Zukunft geschaffen werden sollen[2]), Sa'adja folgt auch in der Behauptung den Mu'taziliten, dass diejenigen, welche eine Hauptsünde begangen, ohne im Leben Busse gethan zu haben, der ewigen Verdammnis verfallen[3]).

Das letzte Capitel im religionsphilosophischen Werke des Sa'adja ist eine ethische Abhandlung über die beste Lebensführung. In manchen Kalâmwerken findet sich zwar ein Capitel fi-l-ṣalâḥ wa-l-aṣlaḥ, aber diese Frage hat mit den Ausführungen des Sa'adja nichts gemein. Diese bieten uns zwar ein interessantes Culturbild, indem sie die Lebensauffassung der muhammedanischen Gesellschaft im östlichen Chalifate uns vorführt, der Nachweis der thatsächlichen Verhältnisse, welche zu diesen Schilderungen Anlass gegeben haben, liegt ausserhalb des Rahmens dieser Abhandlung[4]).

Wir haben versucht, die mu'tazilitischen Elemente in den Anschauungen des Sa'adja nachzuweisen und es ist aus unserer Untersuchung ersichtlich, dass die Schriften der grossen mu'tazilitischen Šejche[5]), und die Anschauungen der Bagdâdensischen und Basrensischen Mu'tazilitenschulen ihm bekannt sein mussten. Er behandelt Fragen in einem Zusammenhange, dass dieser, wie auch seine Terminologie beweisen, er sei sehr wohl mit den Producten des muhammedanischen religiösen Denkens bekannt gewesen. Nichtsdestoweniger scheint er sogar in solchen Puncten, wie die Beweise für das Dasein Gottes, eine gewisse Selbständigkeit sich bewahrt zu haben, denn wenn er auch mit denselben Begriffen arbeitet, so haben sie doch eine andere Form, als in den uns zugänglichen Kalâmwerken. In vielen Fragen konnte er sich von der Lehre der muhammedanischen Theologen nicht weit entfernen, weil diese eben dem Judenthume entlehnt waren. Trotz des muhammedanischen Einflusses kommt doch das specifisch jüdische bei ihm vollkommen zur Geltung, wofür wir nur auf seinen Standpunct in der Frage der Abrogation des Gesetzes und auf die Behandlung der Messiasidee hinzuweisen brauchen.

Zu den grossen Verdiensten des Werkes gehört es, dass in ihm zum ersten Male im Judenthum die Arbeit der Vernunft als eine Quelle der religiösen Erkenntniss hingestellt wird, vor welcher der einfache Sinn des Schriftwortes und der Tradition zurückweichen muss. Die Mu'taziliten haben zwar derselben Anschauung gehuldigt, aber eine höchst characteristische Thatsache bleibt es, dass der Gaon von Sura sich dieser Anschauung und nicht derjenigen der Aš'ariten oder der muhammedanischen Orthodoxie angeschlossen hat.

Zu den anziehendsten Seiten des Werkes gehört die mehrfach hervorgehobene anthropocentrische Weltanschauung, die Begeisterung, mit welcher in ihm von der Hoheit und Würde der Menschenseele gesprochen wird, deren Stoff nach Sa'adja höher steht als derjenige der Sphären, die trotz der Kleinheit ihrer Hülle umfassender ist als der Himmel, die den Endzweck der Schöpfung bildet. Es ist das eine Anschauung, welche später auch im Judenthume z. B. von Maimonides zurückgewiesen

[1]) Milal II 81b. الكلام في خلق الجنة والنار • قال ابو محمد ذهبت طائفة من المعتزلة ومن الخوارج الى ان الجنة والنار لم يخلقا بعد وذهب جمهور المسلمين الى انهما قد خلقتا.

[2]) Amânât 209.

[3]) Amânât 277. واما الجواب للتسع من الذي يستحق هذا العذاب دخول الكفار والمشركين واصحاب الكبائر الذين لم يتوبوا الخ. Iršâd 89a. فصار جماهير المعتزلة مصيرا الى ان الكبيرة الواحدة تحبط ثواب جميع الحسنات وان كثرت. Zu der von Sa'adja an letzter Stelle behandelten Frage, ob es im Jenseits Pflichten zu erfüllen gebe, s. oben S. 20, A. 1.

[4]) Die Amânât S. 290, Z. 10 ff. erwähnte Theorie findet sich auch bei al-Mas'ûdi VI S. 379.

[5]) Ich habe nicht gefunden, dass Sa'adja zumeist mit al-Ǵubbâ'î übereinstimmt, wie dies Guttmann a. a. O. S. 31 annimmt, und ich kann auch keinen Šejch der Mu'taziliten namhaft machen, als dessen Anhänger er bezeichnet werden könnte.

wurde, der es für unmöglich erklärte, dass der Mensch den Zweck des Weltalls erkenne, nichtsdestoweniger behält sie ihre Bedeutung, denn sie ist der Ausdruck des Bewusstseins vom unendlichen Werthe der Geistesarbeit, insbesondere des religiösen und sittlichen Lebens.

Ein anderer Punct, der hier hervorgehoben zu werden verdient, ist die treffliche Polemik gegen den Pantheismus[1]).

Sehr vortheilhaft unterscheidet sich das Werk des Sa'adja von anderen Kalâmwerken durch die lebendige Schreibweise, durch seinen manchmal gehobenen Stil, wie er ihn z. B. im achten Capitel anwendet, wo er von den Leiden Israels spricht, das unter den Völkern mit Thränen säet, um im messianischen Zeitalter unter Jubel zu ernten.

So viel glaubten wir hier nach der Untersuchung über den Einfluss des Kalâms auf Sa'adja über das Werk bemerken zu dürfen, dessen Verfasser in der Zerüttung der Geister, welche die Eroberungen des Islâms in Vorderasien hervorgerufen haben, zum Führer des rabbanitischen Judenthums geworden ist und der Entwickelung der folgenden Jahrhunderte den Weg gezeigt hat.

David b. Merwân b. al-Miḳmâṣ[1]).

Von David Ibn al-Miḳmâṣ, der, wenn man einem karäischem Berichte trauen darf, sich zum Christenthume bekehrt hat und dann wohl zum Judenthume zurückgekehrt ist[2]), sind im Commentar des Jehuda ben Barzilai zum Buche Jezira, einige Fragmente[4]) erhalten geblieben, welche ebenfalls vom Einflusse des Kalâm zeugen. Von diesen Fragmenten sind es nur zwei, welche hier unsere Aufmerksamkeit beanspruchen, von denen die erste eine Frage des Tauḥîd, die andere eine solche, die von Mu'taziliten unter die ابواب العدل gerechnet wird, behandeln. Das erstere Fragment, das neunte und zehnte Capitel des Kalâmwerkes von David ha-Babli, enthält seine Anschauungen über die Attribute Gottes. Er beginnt mit der Frage vom Wesen Gottes. Nachdem er nochmals seine Anschauung von der Einheit Gottes formulirt, erwähnt er, dass die Gelehrten in Betreff des Wesens Gottes verschiedener Meinung sind. Manche sagen, es sei unstatthaft, die Frage nach dem Wesen Gottes aufzuwerfen, denn diese kann nur mit Bezug auf eine endliche Sache gestellt werden. Andere wieder meinen, es sei erlaubt diese Frage zu untersuchen, denn Gott selbst hat von seinem Wesen (in der heiligen Schrift) Zeugniss abgelegt und es sei nicht zu befürchten, dass man es als ein endliches auffassen wird, denn sein Wesen ist über das Wesen aller Dinge erhaben und nichts kann mit ihm verglichen werden. In der That lehrten manche Mu'taziliten[5]), dass vom „Was" mit Bezug auf Gott keine Rede sein könne,

[1]) Am. S. 46.

[2]) Die Quellen über ihn sind zusammengestellt bei Steinschneider, die hebr. Uebersetzungen des Mittelalters I S. 378 Anm. 70.

[3]) S. Harkavy's Mitteilung in Fuchs' Ha-chôkêr II S. 16 ff.

[4]) Commentar zum Sepher Jezira von R. Jehuda b. Barzilai, ed. Halberstamm, S. 65, 77, 151.

[5]) Ibn Hazm, Milal I 160 a. الكلام في المشيئة ، قال ابو محمد ذهبت طوائف من المعتزلة الى ان الله عز وجل لا مشيئة له وذهب اهل السنة وضرار ابن عمرو الى ان لله تع مشيئة قال ضرار لا يعلمها غيره قال ابو محمد والذي نقول به وبالله تع التوفيق ان له مشيئة هي انيته نفسها وانه لا جواب لمن سأل ما هو الباري الا ما اجاب به موسى عم اذ سأله فرعون وما رب العالمين ونقول انه لا جواب شافيا الا في علم الله تع ولا عندنا الا ما اجاب به موسى عليه السلام لان الله تعالى حمد

während Ḍirâr b. 'Amr und die orthodoxen Theologen mit Berufung auf die Worte des Korâns angenommen haben, dass wohl nach dem Wesen Gottes geforscht werden könne.

Das Leben, Wissen, Sehen, und Hören Gottes, setzt fort David ha-Babli, ist nicht von der Art des menschlichen Eigenschaften, die wir mit diesen Worten zu bezeichnen pflegen. Denn das Leben des Menschen hat einen Anfang und ein Ende, das Wissen muss er sich aneignen und mit seinem Tode verschwindet es, überdies ist es beschränkt, dem Irrthum und der Vergessenheit unterworfen, was bei dem Wissen Gottes nicht der Fall ist. Das Sehen und Hören Gottes geschieht nicht mittelst der Sinne. Freilich kann jemand den Einwurf erheben, dass wir dann unter Leben, Wissen, Sehen und Hören mit Bezug auf Gott etwas ganz anderes verstehen als im gewöhnlichen Sprachgebrauche, aber dieser Gebrauch der betreffenden Ausdrücke ist doch berechtigt, denn die Eigenschaften Gottes unterscheiden sich in dem Masse von den menschlichen, wie der Schöpfer vom Geschöpfe sich unterscheidet.

Um das Verhältniss Gottes zu seinen Attributen, die wir von ihm aussagen, zu verstehen, müssen wir Folgendes erwägen. Entweder wir nehmen an, dass Gott lebt durch das Leben, d. h. dass das Leben ein von seinem Wesen verschiedenes Attribut sei, oder wir sagen, dass er lebt, aber nicht durch das Leben, was besagen will, dass das Leben eine mit seinem Wesen identische, von diesem nicht verschiedene Eigenschaft sei. Die erstere Annahme führt zur Ketzerei, denn wir werden durch sie gezwungen, ausser Gott ein von Ewigkeit her Seiendes anzunehmen, wie dies in der That die Christen thun, welche behaupten, dass Gott lebe durch das Leben, dass dieses Leben eine besondere Eigenschaft sei und der „heilige Geist" heisse, und dass er lebe durch die Weisheit und dies sei „der Sohn". Zu solchen Annahmen werden wir aber im ersteren Falle hingeführt, da wir erwägen müssen, dass das Leben entweder endlich, oder ewig sei, die Anschauung aber von der Endlichkeit des Lebens Gottes von allen Parteien einstimmig verworfen wird. Wir werden also die Annahme als richtig anerkennen müssen, dass Gott lebt, aber nicht durch eine besondere Eigenschaft des Lebens, sondern dass das Leben zu seinem Wesen gehöre, und wie sein Wesen ewig sei[1]).

Dies können wir von Gott ebenso aussagen, wie von der Seele, die durch sich selbst, ihrem Wesen nach, an sich lebt, während der Körper des Menschen nur durch etwas anderes lebt, oder wie

نحكى عنه ونحققه فيه. Die اصحاب الصفتية wurden auch von Josef al-Basir widerlegt. Muhtawi 53a heisst es: وبهذه الطريقة ابطلنا قول اصحاب الصفتية الذين اثبتوا له صفة لا توصف هو تعالى من نفسه بحسب قولهم انه بنفسه اعلم من كل احد به. Frankl meinte, الصفتية sei die Bezeichnung einer Secte. S. Ein mu'tazilitischer Kalâm S. 20.

[1]) Diese Ausführungen des Ibn al-Miḳmaṣ werden durch folgende Bemerkungen Ibn Hazm's als mu'tazilitische erwiesen: Milal I Bl. 141b. ثم اختلف الناس في علم الله تع فقال جمهور المعتزلة اطلاق العلم لله عز وجل انما هو مجاز لا حقيقة وانما معناه انه تع لا يجهل * وقال سائر الناس ان لله تع علما حقيقة لا مجازا ثم اختلف هؤلاء فقال جهم بن صفوان وهشام بن الحكم ومحمد بن عبد الله بن ميسرة واصحابهم ان علم الله تع هو غير الله تع وهو محدث مخلوق سمعنا ذلك ممن جالسه منهم وناظرهم عليه... وقال ابو الهذيل العلاف واصحابه علم الله لم يزل وهو الله وقال طوائف من اهل السنة علم الله ثم الكلام في الحياة * قال ابو محمد. Das. 161b. يزل وهو غير مخلوق وليس هو غير الله ولا نقول به هو الله قال فقالوا ان الاستدلال اوجب ان البارى تع حى لان الافعال المحكمة لا تقع الا من الحى وانه لا يفعل الا ميت او حى فلما بطل وقوع الفعل من الميت صح وقوعه من الحى ولا بد ثم انقسم هؤلاء قسمين فطائفة قالت هو تعالى حى لا بحياة وقال اخرون بل هو حى بحياة. S. auch Goldziher, die Ẓâhiriten S. 135 A. 4.

wir von den Engeln sagen, dass sie an sich selbst leben, wenn wir auch bemerken müssen, dass sie alle nicht von Ewigkeit her sind, sondern von Gott geschaffen wurden.

Wenn auch Gott über eine jede Vergleichung erhaben ist, so können wir doch einige Gleichnisse anführen, die beweisen, dass unsere Behauptung, dass Gott lebend sei, aber nicht durch das Leben, richtig ist. Wir sagen z. B. dass die Sonne an sich leuchtet, dass ihr Licht weder erworben, noch einem anderen Himmelskörper entstammt sei, wir sagen, dass der Geruch der Myrthe angenehm und gut sei, aber nicht durch einen anderen Geruch, dass das Auge für sich sieht, aber der Mensch sieht mittelst des Auges[1]), und so spricht die Zunge ohne die Hülfe einer anderen Zunge, aber der Mensch spricht durch die Zunge.

Wenn nun Jemand fragen würde, ob wir unter dem Leben, Sehen, Hören und Wissen Gottes dem Wesen nach verschiedene Dinge verstehen, so würden wir ihm antworten dass alle diese Aussagen sich auf ein einziges Wesen beziehen[2]), die verschiedenen Aussagen sollen nur verschiedene Unvollkommenheiten leugnen.

Nach diesen Ausführungen folgt bei David Hababli die Polemik gegen die Dualisten, Christen Muğassima, Mušabbiha. Von den letzteren erwähnt er drei Anschauungen. Nach der ersten hat Gott einen Körper aus Stoff und Form, nach der zweiten einen solchen ähnlich dem menschlichen, nach der dritten ist Gott ein Stoff ohne Form[3]).

Das zehnte Capitel, behandelt die Frage, ob die Kategorie der Qualität auf Gott angewendet werden dürfe oder nicht. Ibn al-Miķmâş verneint diese Frage, denn er ist der Ansicht, dass von Gott keine Accidenzen ausgesagt werden können. Ausgenommen die Christen und Muğassima, sind auch die Bekenner anderer Religionen hierin einig.

Das sechszehnte Capitel[4]) wird wohl den Titel מתנות והפרעון geführt haben, was dem arabischen في الثواب والعذاب entsprechen würde. Der Inhalt zeigt viele Berührungspuncte mit den Bemerkungen des Sa'adja im entsprechenden Capitel. Auch David ha-Babli ist der Ansicht, dass die Belohnung und Bestrafung in der zukünftigen Welt von ewiger Dauer ist[5]). Ausser einigen einleitenden Bemerkungen hierüber besteht das ganze Capitel aus Citaten aus Schriften, bei denen es auf dem ersten Blick klar ist, dass sie von Mu'taziliten herrühren. Er erwähnt die Ansicht eines Gelehrten, dass der Lohn der Gerechten zwar ewig, aber die Strafe der Bösen wegen der Barmherzigkeit Gottes endlich sein sollte, welcher Ansicht wir auch bei Sa'adja begegnen[6]). Ein anderer Gelehrter machte noch Ibn al-Miķ. die Bemerkung, dass wenn die Strafe der Bösewichter eine endliche wäre, weil sie und ihre Thaten endlich sind, so müsste auch der Lohn der Gerechten ein endlicher sein, ein Einwurf, den wir bei al-Ğuwejni wiederfinden[7]). Wir begegnen auch einer anderen Anschauung, welche von Sa'adja mitgetheilt wird und mit der er die Ewigkeit des Lohnes und der Strafe begründet[8]).

Aus einer mu'tazilitischen[9]) Schrift werden zehn Gründe für die Ewigkeit der Höllenstrafe

---

[1]) S. 80 Z. 7 nach dem Worte לה מראה scheint ungefähr Folgendes ausgefallen zu sein: ויה הכן נאמר שהשמש רואה בעצמה בלא עין ומראה שהיא מוכנת לה כח ראיה.

[2]) Ueber die Stelle s. Kaufmann, a. a. O. S. 39.

[3]) Al-Îğî S. 17. والمجسمة قالوا هو جسم حقيقة فقيل هو لحم ودم كمقاتل ابن سليمان الخ Al-Šarastâni-Haarbrücker, I S. 115 ff.

[4]) S. 151.

[5]) S. oben S. 20 A. 6.

[6]) Amânât 272, Z. 2—4. Ibn al-Miķ. S. 152, Z. 11—15.

[7]) S. oben S. 20 A. 6.

[8]) S. 152 Z. 19—25. Amânât 272 Z. 5—15. Vgl. auch David ha-Babli das. Z. 86—88.

[9]) Dies geht besonders aus folgenden Worten hervor: והמר כי המעניות והמהיר והוא קים לעד ולנצח והמאמר בכמות בכתוב בחיותו וקיומו והוא חייב לפרוע כמו שיכן שכר לעד ולנצח כמהם Milal II 60a. قال ابو محمد في الوعيد وتثبت كل طائفة تقول ان صاحب الكبيرة ليس مومن نخنه كافرا وشبهه وكفر نعمة لتي ان مات مصرا على كبيرة من الكبائر فلم يمت مسلما واذا لم يمت مسلما فهو مخلد في النار ابدا فان مات ولا كبيرة له او تاب عن

angeführt. Nach zwei anderen Anführungen ähnlichen Inhalts wird die Frage behandelt, ob der Körper oder der Geist des Menschen des Lohnes und der Strafe theilhaftig wird und in ähnlichem Sinne wie bei Sa'adja entschieden.

Trotz der Berührungen mit Sa'adja ist es auf Grund des vorliegenden Materials doch schwer zu entscheiden, ob David ha-Babli seinen Schriften etwas entlehnt, oder mit ihm verkehrt hat, da sie auch aus gemeinsamen Quellen geschöpft haben können.

Bachja Ibn Pakuda.

Unter den Erzeugnissen der arabischen Literatur, welche auf den Verfasser der „Herzenspflichten" von Einfluss waren[1]), ist bisher ein Theil derselben unberücksichtigt geblieben, der für die Entstehung der „Herzenspflichten" von besonderer Wichtigkeit gewesen zu sein scheint und von welchem Bachja vielleicht die erste Anregung zur Abfassung seines Werkes empfangen hat. Es sind dies die mohammedanischen ascetischen (al-zuhd) Schriften. Wenn wir auf die Schriften, welche uns auf diesem Gebiete zugänglich sind, einen Blick werfen, so finden wir, dass in diesen Werken, welche zur sufistischen Literatur gezählt werden, aber von den süfistischen Schriften vom Schlage derjenigen des Ibn 'Arabi, oder al-Ša'râwî wohl zu unterscheiden sind, vielfach dieselben Gegenstände behandelt werden, wie in den „Herzenspflichten". In der Risâla des Abû-l-Ḳâsim al-Ḳušejri (st. i. J. 465), in den Schriften des Abû al-Lejth al-Samarḳandi, im Manâzil al-sâirîn des Harawi finden sich einzelne Capitel über dieselben Gegenstände[2]), mit welchen sich auch Bachja beschäftigt. Die Annahme, dass das Buch der „Herzenspflichten" nur eine hebräische Uebersetzung des Ḳut al-ḳulûb sei, von welchem wir nun eine orientalische Ausgabe besitzen, hat sich zwar als unrichtig erwiesen, aber eine Verwandtschaft zwischen dem Inhalte dieser Schriften ist doch vorhanden[3]). Auch dieses ascetische Werk zeigt manche Berührungs-

كبائره قبل موته فهو مؤمن من اهل الجنة لا يدخل النار اصلا وقال من قال بان عبد اذنب صغر ام كبر فهو يخرج عن الايمان والاسلام فان مات عليه فهو غير مسلم وغير المسلم يخلد فى النار وهذه مقالات الخوارج والمعتزلة ·

[1]) S. Kaufmann, die Theologie des Bachja Ibn Pakuda S. 5 ff.

[2]) Al-Kušejri, Ed. der Othmânijja 1304. S. 57. باب التوبة S. 98. باب التوكل S. 167. باب المحبة Al Harawi, Manâzil, HS. der kön. Bibl. zu Berlin, cod. Sprenger 875, Bl. 8a. باب التوبة 9b. باب المحاسبة 10b. باب التفكر 20a. باب التوكل 14b. باب الزهد 27a. باب التواضع. Von einzelnen auch ascetischen Werken entlehnten Sprüchen erwähnen wir, Bachja IX 2. [illegible] Al-Ḳut. S. 72 قال ابو سليمان الدارانى الزهد ترك ما يشغل عن الله [illegible] Al-Ḳut. das. قال سفيان الثورى . . . الزهد فى الدنيا انما هو قصر الامل Die Eintheilung der Asceten in drei Classen Bachja IX 8 findet sich bei Al-Ḳut. S. 78. قال احمد بن حنبل الزهد على ثلاثة اوجه ترك الحرام وهو زهد العوام والثانى ترك الفضول من الحلال ([illegible]) وهو زهد الخواص والثالث ترك ما يشغل العبد عن الله تع وهو زهد العارفين ([illegible] . . [illegible]) Bemerkenswerth ist, dass Bachja die Einsiedler auf die niedrigste Stufe der Enthaltsamkeit stellt.

[3]) I 75 شرح مقام التوكل ووصف احوال المتوكلين II 2 ذكر منزلة الزهد S. 245 فى ذكر محاسبة النفس Die Berührungen Bachja's mit al-Ġazâlî stammen von den gemeinsamen Quellen. Im Auszuge des روض الرياحين des Jâfi'î, ed. Kairo 1301, S. 41, werden folgende Verse angeführt: لو قذفنى الغرام ارب ارب * ما اردت سواك الا حبك * ما زلت به اسير وجدا وحنين * حتى يقضى على هواه حبا Vgl. Herzenspflichten X, 1. Ende. S. auch Kremer, die herrschenden Ideen des Islâms, S. 64.

puncte mit den Anschauungen Bachja's. Alle die erwähnten Werke bieten zwar eine verhältnissmässig geringe Ausbeute, aber die Berührungen beweisen jedenfalls, welchen Zweig der arabischen Literatur Bachja vor Augen hat, wenn er in der Einleitung zu seinem Werke angiebt, er werde Erzählungen und Sprüche der Weisen und Frommen auch anderer Gemeinschaften anführen. Dass wir nicht mehr von diesen Sprüchen und Erzählungen nachweisen können, kommt nur daher, dass uns von den Werken der arabischen ascetischen Literatur, welche in Spanien sehr viele Bearbeiter hatte, wenig zugänglich ist.

Wenn wir aber auch annehmen, dass diese Literatur auf Bachja von grossem Einflusse war, so ist doch auf den gewaltigen Unterschied zwischen diesen Werken und den „Herzenspflichten" Bachja's hinzuweisen.[1]) Trotzdem, dass bei den muhammedanischen Asceten mancher treffliche, von innigem religiösem Gefühl zeugende Spruch sich findet, machen doch die ellenlangen, natürlich erdichteten Isnâde, die Lectüre derselben unerquicklich und sie enthalten Geschmacklosigkeiten, von denen sich Bachja fernzuhalten gewusst hat. Hierzu kommt noch, dass die meisten Asceten, besonders seit al-Kušejri, es mit der schroffsten Orthodoxie gehalten haben, so dass ein solch rationalistischer Standpunct, wie derjenige Bachja's bei ihnen unmöglich erscheint.

Nichtsdestoweniger steht es ausser allem Zweifel, dass mancher Ascet nicht nur durch den aš'aritischen, sondern auch durch den mu'tazilitischen Kalâm beeinflusst wurde, dessen Kunstausdrücke umgedeutet und dessen Lehren mystischen Anschauungen angepasst wurden. Von al-Ša'râwi wird eine Bemerkung des Sidi Afḍal al-Din angeführt[2]), in welcher dieser die Leser sûfistischer Schriften warnt, dass sie die anscheinend mu'tazilitischen und philosophischen Ausführungen derselben nicht wörtlich nehmen, denn die Verfasser derselben haben mit diesen gewiss etwas anderes beabsichtigt. Eine ähnliche Aeusserung wird von al-Ša'râwi auch im Namen des Šejch Muhammed al-Maġribi al-Šâḏili mitgetheilt[3]). Die oben erwähnten ascetischen Schriften zeugen zwar von einem verhältnissmässig geringen Einfluss des Kalâm, aber dass dies nicht bei allen derartigen Werken der Fall war, zeigt das Kitâb al-ta'aruf li-maḏhab ahl al-taṣawwuf", des Abû Bekr al-Kalabâḏi[4]), in welchem der Einfluss des Kalâm sich stark bemerkbar macht.

Vom Kalâm her, und zwar vom mu'tazilitischen, kam zu den Asceten und auch zu Bachja die Unterscheidung zwischen den Pflichten des Herzens und der Glieder. Der Urheber derselben war Abû-l-Huḏejl al-'Allâf[5]), der mit ihr etwas ganz Anderes bezweckte, als die Asceten. So stammt der Gedanke, der schon im Titel des Bachja'schen Werkes angedeutet ist, aus dem Kalâm[6]).

[1]) Was Kaufmann a. a. O. S. 25 von der Art der Benutzung neupytagoräischer Lehren durch Bachja bemerkt, gilt vielleicht in noch höherem Masse auch hier.

[2]) Lawâkiḥ al-anwâr fi ṭabakât-achjâr. I S. 13.

[3]) Das. S. 14.

[4]) HS. der k. k. Hofbibl. in Wien, N.F. 209, Bl. 22. باب التوحيد in welchem Capitel wir den Beweisen für das Dasein Gottes begegnen, die dem Kalâm entlehnt sind. 116b. باب في الزهد 125a. باب التواضع 133a. باب المحبة 151a. باب التوكل Die Definition des Ǵuneid war المحبة ميل القلب الى الله Bachja X 1, אבל מה ענין האהבה הנפשית היא כלות הנפש ונטייתה בעצמה אל הבורא.

[5]) Fark 47b. والفضيحة السابعة انه فرق بين افعال القلوب وافعال الجوارح فقال لا يجوز وجود افعال القلوب من الفاعل مع عدم قدرته عليه ولا مع موته واجاز وجود افعال الجوارح من الفاعل منا بعد موته وبعد عدم قدرته ان كان حيا ثم يموت وزعم ان الميت والعاجز يجوز ان يكونا فاعلين لافعال الجوارح بالقدرة التي كانت موجودة قبل الموت والعجز وزعم الجبائي وابنه ابو هاشم ان افعال القلوب في هذا الباب كافعال الجوارح في انه يصح وجودها بعد فناء القدرة عليها ومع وجود العجز عنه وقول الجبائي وابنه في هذا الباب شر من قول ابي الهذيل S. auch al-Šarastâni-Haarbrücker I, S. 51. Trotzdem al-Bagdâdi die Ansicht hier unter den فضائح des Abû-l-Huḏejl anführt, ist sie später nicht nur dem Ġazâlî, sondern auch anderen orthodoxen Schriftstellern, wie z. B. Fachr al-Din Râzi, geläufig geworden.

[6]) Die Hauptstelle über die Eintheilung der Pflichten findet sich in der Einleitung.

Aus derselben Quelle stammt die Bemerkung Bachja's, dass in Betreff des Einheitsbekenntnisses Herz und Zunge übereinstimmen müssen[1]). Wir meinen damit nicht, dass im Judenthume vor Bachja solches nicht gefordert worden wäre, sondern, dass er durch die muhammedanische Literatur dazu angeregt wurde, es in seiner Weise auszusprechen.

Manche Anschauungen, welche aus Kalâmwerken stammen, hat Bachja dem Werke des Sa'adja entlehnt. Dies ist der Fall bei seiner Annahme von den vier Quellen der Erkenntniss[2]), bei seiner Eintheilung der Gebote in Vernunft- und Offenbarungsgebote[3]) und bei mancher anderen theologischen Anschauung. Von dem Einflusse des Kalâm zeugt natürlich besonders das Capitel über das Einheitsbekenntniss, in dem wir eine Combination neuplatonischer Ansichten mit Anschauungen, welche dem Kalâm entlehnt sind, begegnen. Der Inhalt derselben ist schon dargestellt worden[4]), wir beschränken uns daher, nur noch auf einen Punct hinzuweisen.

Die zweite Prämisse, nach welcher Alles, was ein Ende hat, auch einen Anfang haben müsse und das, was aus Theilen besteht, unmöglich unendlich sein kann, steht zwar mit der Annahme der Mutakallimûn, dass es kein Unendliches, weder dem Raume, noch der Zahl nach geben kann, im Zusammenhange aber ihre Begründung weist auf philosophische Einflüsse hin[5]). Dasselbe gilt von der ersten und dritten Prämisse.

Josef Ibn Zaddik.

Der Umstand, dass die in Spanien bekannt gewordenen karäischen Schriftsteller der Lehre der Mu'taziliten huldigten, war, trotz des Beispiels des Sa'adja, nicht geeignet, bei den Rabbaniten für diese Schule Sympathien zu erwecken. Und so finden wir, dass diejenigen, welche den Inhalt ihres religiösen Bewusstseins systematisch zu bearbeiten bestrebt waren, ihren Wissensdurst eher an den Schriften der Ichwân al-ṣafâ, oder der muhammedanischen Aristoteliker stillten, als dass sie sich dieser auch von ihrer muhammedanischen Umgebung verdammten Schule zuwendeten. Dies gewahren wir auch bei Josef Ibn Zaddik. Dieser wird durch Maimonides mit Recht als Anhänger der „Lauteren" bezeichnet, er zeigt auch einen starken Widerwillen gegen die Mutakallimûn, deren Ansichten er vielleicht nur aus den Schriften des Sa'adja und des Karäers Josef al-Basir kannte. Nichtsdestoweniger hat er manchem Gedanken derselben unter seinen Anschauungen Platz gegeben und es steht ausser allem Zweifel, dass die letzten zwei Abschnitte seines „Mikrokosmos" seine religiösen Lehren in demselben Rahmen behandeln, in welchem sie von Mu'taziliten und den ältesten Aš'ariten behandelt worden sind. Während der dritte Abschnitt die Fragen des „Tauḥîd", des Einheitsbekenntnisses behandelt, ist der vierte den Lehren gewidmet, welche sich auf die gerechte Weltregierung Gottes beziehen.

Auf seine Abhängigkeit vom Kalâm, insofern sie sich im dritten Abschnitt zeigt, ist schon von Kaufmann[6]) hingewiesen worden. Wir wollen daher hier nur Einiges aus dem vierten Abschnitte

[1]) Bachja I 1. S. die oben S. 16 angeführte Stellen. Al-Nasafî, Bahr al-kalâm 31r. اما المعرفة اي تعرفه بوحدانية اي التوحيد اي تنفي عنه الشرك والامثال والاضداد واي الايمان الاقرار باللسان والتصديق بالقلب بوحدانية الله تع Ich citire nach cod. Warner 681[2], welche Hs. ein dogmatisches Werk des Nasafî unter dem Titel مباحثة اهل السنة انه enthält. Das Werk ist aber, wie mir Herr Dr. Geyer, der meine Excerpte mit der Hs. der k. k. Hofbibliothek in Wien N. F. 206 zu vergleichen die Güte hatte, mittheilt, mit dem Bahr al-kalâm identisch.

[2]) Einleitung.

[3]) III, 3.

[4]) Schmiedl, Studien, S. 60 ff. Kaufmann a. a. O. S. 37 ff.

[5]) Kaufm. das. S. 40 A. 2. Eine Darstellung dieser Annahme finden wir auch bei Chasdai Crescas, Or Adonai I 1, in der Behandlung derselben Prämisse des Maimonides. Schemtob b. Josef hat in seiner Erklärung zu More II, 1, Prämis. al-Ġazâlî's [illegible] zugeschrieben. Auf Schemtobs Ausführungen beziehen sich die Bemerkungen Spinoza's in seiner Ethik I Prop. 15. Scholion.

[6]) Attributenlehre S. 259 ff., wo auch die Stellen des Compendiums von Josef al-Baṣir, die J. b. Z. vor Augen hatte, angeführt werden.

hervorheben, wobei es sich ebenfalls zeigen wird, dass trotzdem Josef Ibn Zaddik kein Mutakallim ist, diese eigenartige Theologie des Islâm auf ihn doch nicht ohne Einfluss geblieben ist. — Der vierte Abschnitt des „Mikrokosmos" zerfällt in zwei Theile, von denen der erste von Verdienst und Schuld[1]), der zweite vom Wesen der Belohnung und Bestrafung im Jenseits und was damit zusammenhängt, handelt. Schon die Beweisführung[2]) in Betreff der Pflicht, den Geboten Gottes zu gehorchen, zeigt den Einfluss des mu'tazilitischen Kalâms. Wir sind, sagt Ibn Zaddik ebenso wie die Mu'taziliten, aus Dankbarkeit verpflichtet, die Gebote Gottes zu erfüllen, die Sünde ist ein Zeichen des Undankes[3]) und eine Leugnung der Wohlthaten Gottes an uns. Wenn aber jemand fragt, wozu uns Gott Gebote geoffenbart hat[4]), so ist darauf zu erwidern, dass dies aus demselben Grunde geschehen ist, aus welchem er seine Geschöpfe geschaffen hat. Nun wird von Ibn Zaddik ausgeführt, dass alle Wesen von Gott nur zu ihrem eigenen Frommen geschaffen worden[5]) und hieraus folgert er, dass dem Menschen die Gebote deshalb geoffenbart worden sind, dass er durch deren Beobachtung den Lohn des zukünftigen Lebens verdiene. Dieser Lohn kann aber dem Menschen nicht ohne Verdienste zukommen, denn dann müssten wir auch das natürlich finden, dass der Mensch ohne Schuld bestraft würde[6]). Auch die Frage kann gestellt werden, dass wenn Gott weiss, dass der Bösewicht ihn erzürnen und die ewige Strafe verdienen wird, wozu habe er ihn dann geschaffen. Darauf ist zu erwidern, dass das Vorherwissen Gottes den Bösewicht durchaus nicht zwingt, das Böse zu thun[7]), denn im entgegengesetzten Falle würde der Mensch nicht frei sein, wenn er sündigt, was die Ansicht des Ǵabariten ist[8]). Wenn aber Gott seine Geschöpfe zu ihren Handlungen zwingen würde, so wäre es nicht gerecht, den Gerechten zu belohnen und den Bösewicht zu bestrafen Dies gliche dem Vorgehen dessen, der seinen Knecht ins Gefängniss wirft und ihm dann unter Androhung der Todesstrafe befiehlt, er solle am andern Tage in einer viele Parasangen entfernten Stadt sein. Dies wäre gewiss eine Gewaltthätigkeit, Gott aber thut kein Unrecht[9]), sondern es folgt nothwendig aus seiner Weisheit und unendlichen Güte, dass er den Schlechten mit derselben Vernunft und denselben Sinnen und Mitteln ausgerüstet erschaffe, wie den Frommen, ihm dieselben Gebote offenbare und ihm die Wege der Busse lehre, damit die Anklage

[1]) Arab. في الطاعة والمعصية.

[2]) Zur Definition der Sünde עולם קטן ed. Jellinek, S. 57, [illegible] vgl. oben S. 24 Anm. 9.

[3]) S. 58. [illegible] (l. והטובה) [illegible] (arab. نعمة) [illegible] (ان الشكر المحسن والمنعم واجب arab.). Denselben Gedankengang finden wir bei Sa'adja Amânât S. 114. 119. Die Pflicht der Dankbarkeit ist bei den Mu'taziliten ein beliebtes Beispiel für die Pflichten, welche von der Vernunft geboten werden, Muḥt. 75b. فالعلم بوجوب شكر النعمة المنعم والفصل بينه وبين المسيء اجلى من العلم ببعض ما ذكرته.

[4]) S. 59 heisst es: [illegible] Ebenso werden bei Sa'adja, Amânât 117, die Beispiele für die „Offenbarungsgebote" bezeichnet كتفضيل يوم من بين ايام كالسبت والاعياد وتفضيل انسان من بين الناس كالنبي والامام والامتناع من اكل بعض المطعم.

[5]) S. 60 Z. 6 ist nach [illegible] das Wort [illegible] ausgefallen.

[6]) Die Frage, weshalb Gebote geoffenbart wurden, wird auch bei Sa'adja, Am. 158 Z. 8 aufgeworfen und ebenso beantwortet, wie von Ibn Zaddik. Ueber die Abhängigkeit Jos. b. Zaddiks von Sa'adja s. Guttmann, die Philosophie des Salomon b. Gabirol S. 42 A. 5.

[7]) Muḥt. 108a findet sich ein ganzes Capitel darüber, warum dem Ungläubigen Gebote geoffenbart werden, das mit folgenden Worten beginnt: اعلم انا قد بينا ان علمه تع ان زيدا لا يؤمن ولا يمنع من ايمانه ولا يقتضى كفره وانه يصح ان يؤمن مع هذا العلم.

[8]) S. 60 Z. 2 v. u. [illegible] scheint die Uebersetzung von حكم المجبرة zu sein.

[9]) Muḥt. 70b findet sich ein Capitel: باب في انه سبحانه لا يفعل القبيح.

gegen sie umso schwerer sein könne. — Diesen Anschauungen Josef b. Zaddiks begegnen wir sowohl bei Sa'adja[1]), als auch bei Josef al-Baṣir.[2])

Auch bei Josef b. Zaddik finden wir die Eintheilung der Gebote in Vernunft- und Offenbarungsgebote[3]).

In einem Capitel über die Busse[4]) scheint er Sa'adja oder Bachja gefolgt zu sein. Wie bei dem ersteren, hat auch bei ihm die Busse vier Bedingungen: die Reue, das Aufgeben der Sünde, die Bitte um Vergebung und den Entschluss, nicht mehr zu sündigen[5]).

Der zweite Theil des vierten Abschnittes führt den Titel בשכר ובעונש ואמתתם, was dem arabischen في الثواب والعقاب وحقيقتهما entsprechen würde[6]). Im ersten Capitel dieses Theiles führt Ibn Zaddik aus, ebenso wie dies Sa'adja im neunten Capitel seines religionsphilosophischen Werkes thut, dass diese Welt nicht der Ort des Lohnes und der Strafe sei, denn die Freuden des Lebens sind nur Ruhepuncte in der Reihe der Leiden, und die Leiden und Freuden unmöglich Lohn und Strafe sein können. Bemerkenswerth ist, dass es bei Ibn Zaddik schon als ein unumstösslicher Satz gilt, dass Lohn und Strafe im Jenseits ewig seien.

Eingehend wird hier „die Lehre der Mutakallimûn" besprochen, dass das Prinzip der Vergeltung auch auf die kleinen Kinder und auf die Thiere Anwendung finde[7]). Wie es aus seinen Worten hervorgeht, hat er die Anschauung aus dem Kompendium Josef al-Baṣir's, al-Manṣûrî genannt, kennen gelernt.

Es wird hier vielleicht am Platze sein, auf die Geschichte dieser Anschauung, wie sie uns in den verschiedenen Kalâmwerken begegnet, einen Blick zu werfen, zumal sich uns dadurch Gelegenheit bieten wird, einen Mutakallim kennen zu lernen, von dem bisher kaum mehr als der Name bekannt war. — Bei der centralen Stellung, welche die Lehre von der Gerechtigkeit Gottes bei den Mu'taziliten eingenommen hat, musste die Speculation mit der Erklärung des Entstehens und der Berechtigung der Leiden von unschuldigen Kindern und von Thieren sich eingehender beschäftigen und so finden wir schon in den älteren Kalâmwerken die verschiedenen Versuche erwähnt, welche zur Lösung dieser Frage

[1]) Amânât 15b Z. 3—4, 11-12, Mikrokosmos S. 61 Z. 8 13.

[2]) Muḥt. 109b ff. Das. 113a heisst es: يبين ذلك انه لا شي فعله بالمومن الا وقد فعل بالكافر مثله فاتى من قبل نفسه فحسن ان يتفضل عليه بمثل ذلك القدر الذي تفضل على المومن به لانه يستحيل ان يتفضل عليهما بنفس الثواب لما بينه فتفضل بسببه وهو التكليف الذي به يستحق منهم الشكر.

[3]) S. 61 Z. 10. המצות השכליות. S. 62 המצות השמעיות.

[4]) S. 66.

[5]) Amânât S. 177. وحدود التوبة د' الترك والندم والاستغفار وضمان الا يعود Bachja, Abschn. VII cap. 4. Die Reihenfolge bei Ibn Zaddik entspricht derjenigen bei Bachja. Muḥt. 160b. اعلم ان التوبة هي الندم عن القبيح لقبحه وعن الاخلال بالواجب لكونه اخلالا به مع العزم على ترك المعاودة في المستقبل لو تراخت امثالها Vielleicht liegt es nur an der Einfachheit der Frage, wenn es auch bei al-Kušejrî, Risâla ed. v. J. 1304 S. 59 heisst: فاريب الاصول من اهل السنة قالوا شرط التوبة حتى تصح ثلاثة اشياء الندم على ما عمل من المخالفات وترك الزلة في الحال والعزم ان لا يعود الى مثل ما عمل من المعاصي Die Anschauung von den zwei Engeln wird sich unter den Juden um so eher eingebürgert haben, da sie jüdischen Ursprunges ist.

[6]) S. 68 Z. 9 ist in der Stelle [illegible] für [illegible] beidemal תקומה zu lesen. Im Arab. wird es geheissen haben: ولهذا يسمى المعاد وتسمى الاخرة دار المعاد والاخرة لانها اخر الذي ينتقل اليه.

[7]) Eine Reihe von Stellen s. bei Steinschneider, Pol. Lit. S. 337. Guttmann a. a. S. 183.

gemacht wurden. Josef al-Baṣir erwähnt die verschiedenen Ansichten, welche er kennen gelernt hat. „In Betreff der Leiden, heisst es bei ihm [1]), sind die Leute verschiedener Meinung. Die Dualisten meinen, dass der Schmerz immer böse (unberechtigt) ist und dies führte sie dahin, die Existenz böser Mächte anzunehmen, von welchen er bewirkt wird. Die Magier stimmen hierin mit ihnen überein und schreiben ihn dem Šejṭân zu. Die Muǵbira behaupten, das Leiden sei berechtigt und führen seinen Ursprung nach ihrer Weise auf Gott zurück. Die Anhänger der Lehre von der Seelenwanderung behaupten ebenfalls seine Berechtigung, indem sie ihn als verdient hinstellen, leugnen aber, dass dafür eine Vergeltung stattfinden werde. Die Bakrija leugnen die Wirklichkeit des Schmerzes und meinen, dass das Kind beim Schlagen oder in der Krankheit keine Schmerzen fühle, während ʿAbbâd al-Ḍejmari der Ansicht ist, dass der Zweck der Schmerzen sei, den Unterschied zwischen den vernünftigen und unvernünftigen Wesen festzustellen [2]). Die richtige Ansicht ist nach Josef al-Baṣir, dass die unschuldig Leidenden für ihre Schmerzen entschädigt werden. Denn ebenso wie die Züchtigung der Kinder nur deshalb keine Ungerechtigkeit ist, weil sie zu ihrem Nutzen stattfindet, also sind die Leiden der Kinder und Thiere nur dann zu rechtfertigen, wenn sie einst von Gott entschädigt werden.

Von den Ansichten, welche Josef al-Baṣir erwähnt, wollen wir hier nur die der Bakrija hervorheben [3]). Josef al-Baṣir macht die interessante Bemerkung, dass Bakrija keine ganze Schule bezeichnet, sondern nur die Ansicht eines gewissen Bekr. Es ist aber Sitte der Mutakallimûn, eine jede Ansicht ausführlich zu behandeln, wenn auch die Unrichtigkeit der Ansicht im Vorhinein sicher ist, wie sie dies auch mit der Ansicht der Sophisten und der Samanijja zu thun pflegen. Aus anderen Schriften erfahren wir, dass die Anschauung, von welcher Josef al-Baṣir handelt, die des Bekr, des Schwestersohnes des ʿAbd al-Wâḥid b. Zejd war [4]). Er huldigte der Ansicht des Ibrâhîm al-Naẓẓâm, dass das Wort „Mensch" nur den Geist, aber nicht den Körper bezeichne. Mit den Aš'ariten behauptete er, dass die Schmerzen beim Schlagen von Gott erschaffen würden, und hielt es demzufolge mit diesen für möglich, dass bei Schlägen die Schmerzen wegbleiben [5]). Unter seinen ketzerischen Irrthümern wird erwähnt, dass die Thiere und die Kinder in der Wiege keine Schmerzen fühlen [6]). Josef al-Baṣir macht dagegen

[1]) Muḥt. 87b. واعلم ان الناس قد انقسموا في باب الالم والثنوية ترى انه لا يكون الا قبيحًا وعلموا لذلك الى اثبات ظلمة تفعله والمجوس وافقوهم في هذا الاعتقاد فاضافوه الى الشيطان والمجبرة اعتقدوه حسنة واضافوه اليه تع على طريقتهم في الملك واصحاب التناسخ اعتقدوا حسنه من حيث كان مستحقا ونفوا العوض والبكرية نفوا كونه ضررا فزعموا ان الطفل لا يتألم بالضرب ولا يستضر بالسقم وعباد زعم انه يفعل للفرق والصحيح ما قلناه وقد دللنا على اكثر هذه المذاهب وبينا فسادها.

[2]) Ueber die Ansicht ʿAbbâd's s. mein Zur Gesch. des Aš'aritenthums, S. 88.

[3]) Muḥt. 92a ff. wird den Bakrija ein besonderes Capitel gewidmet.

[4]) Farḳ 85b ff. Iršâd 60b. Houtsma a. a. O. S. 136.

[5]) Farḳ das. واما البكرية فاتباع ابن اخت عبد الواحد بن زيد كان يوافق النظام في دعواه ان الانسان هو الروح دون الجسد الذي فيه الروح ويوافق اصحابنا في ابطال القول بالتولد وفي ان الله تع هو المخترع للالم عند الضرب واجاز وقوع الضرب من غير حدوث الم وقطع بعضه لما اجاز نفي اصحابنا وانفرد بضلالات كفرته الامة فيها ومن ضلالاته ايضا ما عقد فيه العقلاء فزعم ان الاطفال في المهد لا يشعرون وان قطعوا واحرقوا Ohne Zweifel sind die [illegible] bei Jehuda Hadassi, Eškol Nr. 98, deren Ansichten mit denen der Sophisten und Samanijja zusammen angeführt werden, mit den Bakrija identisch.

[6]) Iršâd das. وذهبت البكرية وهم قوم منتسبون الى بكر بن اخت عبد الواحد بن زيد الى ان البهائم لا تألم اصلا وكذلك الاطفال الذين لم يعقلوا فيلتزموا بالعقل امرا.

geltend, dass die Ansicht schon aus dem Grunde unrichtig ist, weil wir von uns selber wissen, dass wir uns der Schmerzen, die wir als Kinder beim Geprügeltwerden gefühlt haben, noch erinnern können. Aber damit er die Widerlegung sich nicht so leicht mache, wird von J. al-Basir noch Folgendes bemerkt. Bekr würde Recht haben, wenn die Bedingungen der Wahrnehmung und der Erkenntniss identisch wären, wenn also das Kind ebenso wenig Wahrnehmungen, als eine Erkenntniss besitzen würde. Nun ist aber zwischen der Wahrnehmung und zwischen der Erkenntniss wohl zu unterscheiden. Es ist eine Eigenschaft eines jeden lebendigen Wesens, dass es Dinge wahrnimmt, vorausgesetzt, dass es gesund ist und dass die Hindernisse, welche der sinnlichen Wahrnehmung entgegenstehen, entfernt werden. Wenn wir also auch zugeben, dass das Kind keine Erkenntniss besitzt, so sind doch alle Bedingungen der Wahrnehmung bei ihm vorhanden. Wenn aber Jemand einwenden würde, dass der Mangel an Vernunft ebenfalls ein Fehler ist, durch den die Wahrnehmung unmöglich gemacht wird, so ist darauf zu erwiedern, dass unter den Fehlern, deren Entfernung eine Bedingung der Wahrnehmungen ist, nur Fehler der Sinnesorgane verstanden werden können, deren das wahrnehmende Subject zur Wahrnehmung eines bestimmten Wahrzunehmenden bedarf. Zur Wahrnehmung ist eben ausser dem Substrate des Lebens und dem Leben noch etwas anderes nothwendig, nämlich, dass das Substrat des Lebens zur Wahrnehmung eingerichtet sei, wie z. B. das Auge und das Ohr. Freilich steht die Sache in Betreff der Erkenntniss anders. Diese ist wohl ohne Vernunft unmöglich, aber sie bedarf auch der sinnlichen Wahrnehmung, während letztere unmöglich der Erkenntniss bedarf. Wenn ich Etwas wahrgenommen habe, so habe ich es auch erkannt, wenn ich es aber nicht wahrnehme, habe ich auch keine Kenntniss davon. — Die Vernunft ist wohl eine Bedingung der Erkenntniss, aber nicht der Wahrnehmung, und es wäre eine irrige Behauptung, dass so wie zur Erkenntniss die Vernunft nothwendig ist, so sei sie auch zur Wahrnehmung nothwendig. Denn die Erkenntnisse hängen mit einander zusammen, so dass aus der einen eine andere folgt, aber unsere Speculation zwingt uns nicht, dass wir von der Mücke Erkenntniss haben und nicht von dem Elephanten, denn wir können von ihnen nur durch die Wahrnehmung Kenntniss erlangen. Die Wahrnehmung ist aber der Weg zur Erlangung der Kenntnisse, und kein Weg führt zu ihr, sondern sie ist eine nothwendige Eigenschaft des Lebenden. Daraus folgt nothwendigerweise, dass die Wahrnehmung wohl auch ohne Vernunft stattfinden kann, dass also die Kinder die ihnen zugefügten Schmerzen fühlen.

An einer anderen Stelle[1]) macht J. al-Basir Bekr gegenüber die Bemerkung: „Wisse, dass die Bosheit nicht deshalb hässlich ist, weil derjenige, der die böse That erleidet, mit Vernunft begabt ist, auch nicht, weil er ein menschliches Wesen ist, sondern weil sie (an sich) böse ist, da nun die Kinder ebenso Schmerzen fühlen wie der Vernünftige, — was ich im Gegensatze zu den Bakrija behaupte, — so folgt daraus nothwendig, dass dies mit ihm nur aus demselben Grunde geschehen darf, wie beim Vernünftigen, zu seinem Nutzen, oder um Leiden zu verhüten, denn dass das Kind die Leiden verdient hätte, ist ausgeschlossen".

Diese Bemerkung macht dem sittlichen Bewusstsein der Mu'taziliten alle Ehre. Zur Zeit, da in der Kirche die Lehre von der ewigen Verdammniss der ohne Taufe gestorbenen Kinder unbestritten war, haben die Mu'taziliten alles im Himmel und auf Erden nach ihrem sittlichen Urtheil bestimmt. „Was

[1]) Muht. 88a. واعلم ان الالم لا يقبح من حيث كان المظلوم عقلا ولا من حيث كان انسيا بل من حيث كان ظلما فلما تألم الطفل كتألم العاقل خلاف قول البكرية وجب ان لا يفعل ذلك به الا لما له يفعل بالعاقل من نحو النفع ودفع الضرر او الاستحقاق مرتفع عن الطفل لما سنبينه من بعد فلنبينه جملها في ذلك نحو الطفل Eine derjenigen der Bakrija ähnliche Ansicht äusserte der mu'tazilitische Dichter al-'Atawi, wie Josef al-Basir [illegible] HS. Leiden Nr. 41. Bl. 124a, berichtet. Hier heisst es: [illegible] (المعلوى) [illegible] [ה?] [illegible] Jos. al-Basir nennt also al-Atawi einen Bösewicht, weil er angenommen hatte, dass Gott den Kindern Schmerzen zufüge, ohne sie dafür zu entschädigen. Ueber al-Atawi (so, und nicht Atija ist zu lesen) s. Fihrist I 160. Agâni XX S. 56 ff.

nach unserem Urtheil gut und böse, recht und unrecht ist, ist es auch nach dem Urtheil Gottes" lautete ein Grundsatz derselben.

Auch bei al-Ǵuwejni wird die von Josef Ibn Zaddik bekämpfte Ansicht erwähnt, und seine Darstellung von den verschiedenen Ansichten über die Leiden der Kinder und Thiere entsprechen vollkommen derjenigen Josef al-Basir's[1]). Wir erfahren durch ihn, dass ein hervorragender Mu'tazilit es als eine höhere Forderung der Gerechtigkeit betrachtete, dass die Kinder und Thiere für ihre Leiden entschädigt werden, als die Strafe der Ungehorsamen. Auch die Ansicht 'Abbâd al-Dejmari's wird von ihm vorgeführt, welche ebenso, wie die übrigen im Interesse der aś'aritischen Anschauungen bekämpft werden.

Gegen die auch von Josef al-Basir vertretene Anschauung der Mu'taziliten richtet sich nun die Polemik Josef b. Zaddik's.

Wenn diese Anschauung richtig wäre, also widerlegt Ibn Zaddik dieselbe, so dürften wir die Thiere nicht tödten und solches würde uns nicht geboten. Denn wenn die Thiere den Tod durch ihre Sünden verdienen würden, so würde die Strafe nicht durch uns erfolgen, die viel schlechter sind als sie. Wird uns aber das Tödten der Thiere ungerechterweise geboten, so würde Gott eine Ungerechtigkeit zugeschrieben und wir begehen ein Unrecht, für das wir bestraft zu werden verdienen, das ist aber eine Blasphemie zu behaupten, dass Gott uns etwas befehle, wofür wir bestraft zu werden verdienen. Auch das kann nicht angenommen werden, dass nachdem beim Tödten der Thiere Vergeltung geübt wird, derjenige, der die Strafe vollzieht, ungestraft bleibt, denn dies würde der Annahme gleichen, dass der Mörder unbestraft bleibt, weil er Jemanden getödtet, der den Tod durch irgendwelche Sünden verdient hat. Wenn aber hierauf Jemand entgegnen würde, dass Gott das Tödten der Thiere geboten und das Tödten von Menschen verboten habe, so stehen wir wieder der Schwierigkeit gegenüber, warum dies geschehen ist, da die Thiere doch nicht sündigen. — Ibn Zaddik führt noch andere Gründe gegen die Anschauung an, welcher wir übrigens schon bei Sa'adja begegnen[2]).

Die Ansichten welche Josef b. Zaddik im folgenden Capitel vorträgt, zeigen einen grossen Fortschritt gegenüber denen des Sa'adj'a. Am Schlusse seiner Polemik gegen die Ansicht von der Vergeltung der Thiere wirft er den Mutakallimûn vor, dass sie Gott ein sinnloses Vergehen zuschreiben, — denn es sei sinnlos Kinder und Thieren Schmerzen zu verursachen, um sie dann für die unverdienten Leiden zu entschädigen, — was aber beweist, dass sie das Wesen des Lohnes und der Strafe nicht begreifen und diese sich sinnlich vorstellen. Aus dieser Bemerkung ersehen wir, dass Josef b. Zaddik im folgenden Capitel in der Polemik gegen die sinnliche Auffassung des Lohnes und der Strafe nicht nur die vulgären Anschauungen der Juden vor Augen hat, sondern auch die Ansichten der Mutakallimûn. Ibn Zaddik geht nämlich viel weiter, als Sa'adja. Während dieser nur die Unzulänglichkeit der Freuden und Leiden des diesseitigen Lebens dass sie als Lohn und Strafe betrachtet werden können, betont, und aus dieser Unzulänglichkeit auf die jenseitige Belohnung und Bestrafung schliesst, leugnet Ibn Zaddik auf das Entschiedenste, dass die Freuden und Leiden des Lebens mit der Belohnung und Bestrafung etwas zu thun hätten. Daraus folgt aber auch, dass nicht wie bei Sa'adja, Körper und Seele in gleicher Weise

[1]) Irśâd, das. واما الثنوية فقالوا بثبت محدثين فقد قتلوا الانم ظلم قبيح نعينه على اى وجه قدر والالام بجملتها صدرا عندهم من الرحمن دون يزدان Dann wird die Ansicht der Bakrija erwähnt. Das. 61a. واما المعتزلة . . . فصاروا الى ان ايلام البهائم حسن لان الرب تعالى سيعوضها عليها فى دار الثواب ما يوفى ويزيد على ما نالها من الالام ثم صار معظمهم الى ان العوض الملتزم على الالام احط رتبة من العقاب الملتزم على التكليف واختلفوا فى ان العوض هل يدوم دوام الثواب ام لا واضطربت اجوبتهم فى انه هل يتصور التفضل بمثل التعويض ابتداء الخ. Ueber عوض s. auch Mafâtîh IV S. 60, wo die Ansichten des Abû-l-Kâsim al-Ka'bî und des 'Abd al-Ǵabbâr erwähnt werden. Nihâjet 113a.

[2]) Kaufm. Attr. S. 503. S. auch Amânât S. 173.

des Lohnes und der Strafe theilhaftig werden, sondern nur die Seele ist es, welche der ewigen Seligkeit theilhaft wird oder der ewigen Verdammniss verfällt. Dies entspricht auch seinen sonstigen Anschauungen, nach welchen der Körper nur ein Werkzeug der Seele ist, das Werkzeug aber kann nicht belohnt und bestraft werden wegen der Thaten dessen, der sich seiner bedient. Nun ist es doch klar, dass diese Polemik nicht nur die Anschauungen der Masse, sondern auch die der Mu'taziliten betrifft, denn diese suchten ja immer nur die Formel, nach welcher alle Leiden und Freuden auch des diesseitigen Lebens als Lohn und Strafe erklärt werden könnten.

Jehuda Hadassî.

Insofern das encyklopädische Werk des Karäers Jehuda Hadassi, das den Titel אשכל הכפר führt, theologische Ansichten in engerem Sinne enthält, stehen diese unter mu'tazilitischem Einflusse. Wir werden dies um so natürlicher finden, da Jehuda Hadassi nur die Ansichten älterer karäischer Schriftsteller reproducirt. Vor Allem sind es die Schriften Josef al-Basir's, die von ihm benutzt werden[1]), aber auch andere Quellen[2]) haben für sein Werk Material liefern müssen.

Wir finden bei ihm grösstentheils dieselben Begriffsbestimmungen[3]) des Existirenden und Nichtexistirenden[4]), des Körpers, der Substanz und des Accidens[5]) denen wir auch bei Ibn Ezra begegnen, nur ist bei Ibn Ezra die Substanz die Trägerin der Accidenzen, während bei Jehuda Hadassi der aus Atomen bestehende Körper der Träger derselben ist. Er spricht ausführlicher über das Wesen der Atome[6]), über deren Zusammensetzung und Auflösung, über Ruhe und Bewegung. Seine Definitionen sind aber hier, wie zum Theil auch diejenigen Ibn Ezra's Tautologien. Bemerkenswerth ist seine Begriffsbestimmung von אשר oder אשור worunter Merkmale zu verstehen sind.

Es ist aber auch leicht nachweisbar, dass seine theologischen Ausführungen nichts Anderes sind, als eine in Reimen geschriebene Darstellung der Ansichten älterer karäischer Mu'taziliten. So zeigt seine Zusammenstellung der Grundlehren[7]) des Judenthums im 26. und 27. Alfabet den Einfluss des mu'tazilitischen Glaubensbekenntnisses. Es wird hier aus der Selbstgenügsamkeit Gottes auf seine Gerechtigkeit geschlossen[8]). Aus der Unmöglichkeit einer unendlichen Reihe von Schöpfern schliesst er auf das Dasein des ersten Schöpfers[9]), der einzig sein muss, denn zwei Schöpfer würden in ihrer

[1]) Von seinen Schriften werden bei Jeh. Hadassi angeführt: ספר נעימות אלמחתוי ס׳ חכמי תורת בעינוך Alfab. Nr. 33. גם במרון הורות הנדע ס׳ נעימות Nr. 258. Das. auch ein Cap. dieses Buches. בכתב שלמתוי; בנשך הנדרך Das. ס׳ מרכיבות פיש Nr. 83. ס׳ המצות Nr. 259.

[2]) In den A. 1 bezeichneten Stellen werden solche erwähnt.

[3]) Nr. 64–65.

[4]) מעלום: معلوم.

[5]) גם שאלת מה אמות העצם כל דבר שהוא חל במקרה ושנה בגוף ולא יעמד בנפשו והוא יקרא אעל. Das Accidens heisst also bei ihm ebenso wie in der hebr. Uebersetzung des Muht. [illegible].

[6]) שאלה מה אמות התחיבה; תשובה; הדבר שלא יחלק ויחוק לעצם והוא יקרא החתיכה או חלק, הוא. Die Uebersetzung des arabischen الجزء الذى لا يتجزى. Ein anderes Wort für Atom ist דק. Die Ausdrücke חתיכה und דק für „Atom" gebraucht auch Ahron b. Elia.

[7]) Hadassi nennt sie עקרים.

[8]) Nr. 26. כי כל נפש צריך לעזר טוב ורע בשלכדו יתר הבל אינו צריך לעזר וכל כן הוא אל אמונה חנן של בכל שדי: Nr. 29. הן כל נפש צריך וכל כחיך יעשה של כי הוא צריך וכל נפש לא יוכל הנ.

[9]) Nr. 37. קדמון לא מחדש אחר כי אם בן מושך מחדש מחדשים ומחדש מחדשים אחר. Nr. 26. ודעו שין חדש מחדשים: כי דין חדשים יש לו מחדש: ומחדש מאחר מחדש וחן ראשית וקץ למחדשים מחדש מחדשים הנ. Vgl. auch Nr. 27, wo unter dem [illegible] dasselbe ausgeführt wird.

Thätigkeit einander gegenseitig hindern[1]). Gott ist allwissend, allmächtig, lebend, in aller Ewigkeit existirend, er ist kein Körper und nichts kann ihm gleichgestellt werden. — Hier folgt eine Anschauung, welche wenigstens zum Theil der aš'aritischen Ansicht entspricht. Das Wort Gottes, meint Jehuda Hadassi, ist nicht geschaffen[2]), nichtsdestoweniger fügt er aber Bemerkungen hinzu, welche die mu'tazilitischen Anschauungen wiedergeben. Nach diesen nämlich kann unter dem „Worte" immer nur dasselbe verstanden werden, ob es nun von Gott, oder von den Menschen gebraucht wird. Das „Wort" aber bezeichnet im gewöhnlichen Sprachgebrauche die Zusammensetzung, articulirter, bedeutsamer Laute, daher kann es auch, wenn es von Gott gebraucht wird, nichts Anderes bedeuten. Da aber die articulirten Laute nothwendig einander folgen müssen, also nicht im selben Augenblicke ins Dasein treten können, daraus folgt, dass sie nicht ungeschaffen sein können, daher also auch das Wort Gottes an die Propheten geschaffen ist. Das ist der Gedankengang der Mu'taziliten, wie er vielfach in Kalâmwerken und sonstigen Arbeiten jüdischer und muhammedanischer Schriftsteller bezeugt ist[3]). Merkwürdig ist eben, dass Jehuda Hadassi die Anschauung vom Wesen des Gotteswortes, die von den meisten karäischen Schriftstellern vertreten wird, annimmt[4]) und doch der aš'aritischen Lehre von der Ewigkeit desselben huldigt. Dies ist umso auffälliger, da er an einer anderen Stelle[5]) seine Ansichten über das Wesen der Sprache darlegt, welche ebenfalls mit den mu'tazilitischen Anschauungen, die mit Rücksicht auf die Lehre vom Gottesworte ausgebildet worden sind, übereinstimmen.

Wir heben hier nur diejenigen Puncte hervor, welch von den Mutakallimûn in ihrer Beweisführung in Betreff des Geschaffenseins des Gotteswortes berücksichtigt werden. — Die Laute der lebendigen Wesen haben eine Bedeutung oder nicht[6]). Bedeutungslos sind diejenigen Laute welche nicht den Willen dessen offenbaren, der sie hervorgebracht, wie das Brüllen des Ochsen, das Wiehern der Rosse, das Brüllen des Löwen u. s. w. Aber es gibt auch unter den Lauten der Wesen, welche zu sprechen vermögen, solche, die keine Bedeutung besitzen. So besitzt der einzelne Laut keine Bedeutung und er erlangt eine solche nur, wenn er mit zwei oder drei Consonanten zusammengesetzt wird. Laute nennt Hadassi eben nur die Vocale. Die Consonannten sind das wichtigere Element der Sprache, denn die Vocale bedürfen eher der Consonanten, als diese der Vocale. Die letzteren sind Accidenzen, welche eines Substrates bedürfen, ihr Substrat bilden aber die Consonanten[7]).

[1]) [illegible]

[2]) Nr. 27. [illegible]

[3]) S. unten.

[4]) Nr. 27. [illegible] Nr. 28. [illegible] Den oben angeführten Gedanken begegnen wir Muht. 48b f. باب في ان جمعة تع بالكلام يفيد حدوث كلامه من جهته بما يتصل بذلك Der Titel und jene Stelle des Capitels werden von Ahron b. Elia, Ez chajim, S. 107, angeführt. Bl. 49a heisst es: واعلم ان الكلام مقدرة وتربيك اثبتنه انرانه وحقيقته اصوات مقطعة وحروف منظومة وصح ان تفيد بالمواضعة ولو لم معنى غير الصوت حسب ما تذهب اليه بعضهم بوجد مع الصوت ثم يمتنع ان يقطع الاصوات على هذا الحد من التقطيع من دون الكلام فلا يكون كلام او ان يفعل الكلام من دون الاصوات وفي بطلان ذلك دلالة على ان الكلام هو ما ذكرناه. Irsâd 22b heisst es, dass die Mu'taziliten von der Sprache folgende Definition gegeben hätten: الكلام قد اخترت المعتزلة الكلام انه حروف منتظمة واصوات متقطعة دالة على اغراض صحيحة. Das. 28a بالنفس وزعموا ان الكلام هو الاصوات المتقطعة والحروف المنتظمة.

[5]) Nr. 164.

[6]) [illegible] arab. مفيد وغير مفيد.

[7]) [illegible] (متحركة) [illegible]

Mu'tazilitischen Ursprunges sind bei Hadassi auch die Lehren von der Wesenseinheit der Attribute Gottes[1]), von der Vergeltung der Kinder und Thiere[2]), von der Abwegung der Thaten der Menschen[3]) und den 10 Classen des Gerechten[4]).

Abraham Ibn Ezra.

Abraham ben Meir Ibn Ezra's philosophische Anschauungen stehen zumeist unter dem Einflusse arabischer Aristoteliker und Neuplatoniker, aber es wird ihm auch ein Schriftchen zugeschrieben[5]), welches einige Hauptsätze des mu'tazilitischen Kalâms enthält und in Reimprosa geschrieben ist. Nachman Krochmal hat den Zusammenhang der Schrift mit dem Kalâm schon hervorgehoben und festgestellt, dass die Ansichten, welche in ihm zum Ausdrucke gelangen, mit den anderswoher bekannten Anschauungen Ibn Ezra's nicht übereinstimmen und hat daher die Vermuthung ausgesprochen, dass Ibn Ezra dieses Schriftchen in seiner Jugend abgefasst haben wird, oder er wollte während seiner Wanderung auf Wunsch eines Freundes die Lehrsätze des Kalâms zusammenstellen. In Folge der von Krochmal hervorgehobenen Momente ist die Echtheit des Schriftchens angezweifelt worden, uns scheinen aber diese Zweifel nicht begründet zu sein. Der Widerspruch zwischen den hier ausgesprochenen und anderswoher bekannten Ansichten Ibn Ezra's fällt nicht ins Gewicht, denn Ibn Ezra war nicht der Mann eines geschlossenen Systems und weil auch das möglich ist, dass er gar nicht die Absicht hatte, im Schriftchen die eigenen Anschauungen zu Ausdruck zu bringen. Die Sprache des Schriftchens zeugt eher für die Autorschaft Ibn Ezras, als gegen dieselbe, denn die Terminologie ist weder die der Tibboniden, noch aber stimmt sie mit derjenigen der karäischen Uebersetzer überein.

Nachdem Ibn Ezra augenscheinlich mu'tazilitische Ansichten verträgt, und er derartige Anschauungen wohl schon in Spanien kennen gelernt hat, wollen wir hier Einiges über die Stellung des Mu'tazilismus in Spanien mittheilen, und dann über das Schriftchen einige erläuternde Bemerkungen machen.

Averroës hat eine Notiz, nach welcher die Schriften der Mu'taziliten in Spanien unbekannt geblieben sind, diese muss aber nicht sehr strenge genommen werden. Denn wenn auch die fanatischen Mohammedaner Spaniens den Mu'tazilismus und anfänglich auch die Lehre al-Aš'ari's verabscheut haben, so ist es doch unwahrscheinlich, dass ein Werk, wie Ibn Ḥazms Kitâb al-milal wa-l-niḥal ohne die Kenntniss auch nur eines einzigen mu'tazilitischen Kalâmwerkes hätte zur Stande kommen können[6]) wie er denn in der That solche benutzt hat. Zum Ueberfluss erfahren wir auch durch denselben, dass es in Spanien Vertreter kadaritischer Anschauungen gegeben hat. Er erzählt nämlich[7]), es habe in

[1]) Nr. 29. [illegible] . . . Auf eine Meinungsverschiedenheit mu'tazilitischer Theologen wird angespielt im Folgenden, wo es heisst: [illegible] Ueber die Meinungsverschiedenheit s. oben S. 10. Juda Hadassi ist gegen die Atomistiker.

[2]) Nr. 30. [illegible] . . . [illegible] Zu den zehn Bedingungen der Busse in Nr. 31–32 vgl. Ez chajjim Cap. 113.

[3]) Nr. 33.

[4]) Nr. 34.

[5]) Kerem chemed IV, S. 1—5. Das Schriftchen führt den Titel: [illegible].

[6]) Milal II 144a. ورايت للجاحظ في كتاب البرغوث له

[7]) Milal II 146a. وكان من اكابر اصحاب مذهبهم رجل يقال له اسمعيل ابن عبد الله الرعيني متاخر الوقت وكان من المجتهدين في العبادة المنقطعين في الزهد وادركته الا اني لم القه ثم احدث اقوالا شنيعة بقي منها سوء الميسرية ولقيه الا من كان ملازمته الاخصين فكان فيما احدث قوله ان الاجساد لا تبعث ابدا انما تبعث الارواح فقط وصح هذا عندنا عنه وذكر عنه انه

Spanien einen Mann, Ismâ'il b. 'Abdallâh al-Ru'ejni gegeben, der berühmt war durch seine Frömmigkeit und zur Schule des Muhammed b. Abdallâh b. Mejsara gehört hat. Es sind merkwürdige Ansichten, die er in seinem Namen mittheilt. Ein Enkel desselben, ein Arzt, Jahja b. Ahmed erzählte, sein Grossvater hätte die Ansicht gehegt, dass der Thron Gottes der Leiter der Welt sei, von Gott selbst dürfe gar nichts, auch keine Thätigkeit ausgesagt werden. Er folgte darin der Ansicht des Ibn Mejsara, die aber in dessen Schriften nur angedeutet war, so dass dessen Schüler sich von ihr lossagen konnten. Eine andere verketzerte Ansicht desselben bezog sich auf die Lehre der Auferstehung. Er leugnete die leibliche Auferstehung und bezog die Lehre von derselben auf die Unsterblichkeit der Seele. Er wurde von seinen Zeitgenossen trotzdem sehr verehrt, man glaubte von ihm, er verstünde die „Sprache der Vögel" und vermöge die zukünftigen Dinge zu verkünden. Er hatte eine Art communistischer Anschauungen und hielt die „Miethehe" (nikâh al-mut'a) für erlaubt. — Von dem Sohne des Ismâ'il al-Ru'ejni, Abû Hârûn erzählt Ibn Hazm, er hätte geleugnet, dass sein Vater zu den oben an erster Stelle erwähnten Anschauung sich bekannt hätte, aber es wurde ihm die Ansicht zugeschrieben, dass

كان يقول ان حين موت الانسان وفراق روحه بجسده يلقى روحه الحساب ويصير الى الجنة او الى النار وانه كان لا يقر بيوم القيامة والبعث الا على هذا الوجه وانه كان يقول ان العالم لا يفنى ابدا بل هكذا يكون الامر بلا نهاية وحدثني الفقيه ابو احمد المعافري صاحبنا نضر الله وجهه قال اخبرني يحيى بن احمد الطبيب وهو ابن ابنة اسمعيل المذكور قال ان جدي كان يقول ان العرش هو المدبر للعالم وان الله تع اجلّ من ان يوصف بفعل او بشي اصلا وكان ينسب هذا القول الى محمد بن عبد الله بن ميسرة ويحتج لذلك بالفاظ في كتب ابن ميسرة فيها لعمري دلائل على هذا القول وكان يكفر الميسرية الذين لم يتبعوا عن الشيخ برئت منه الميسرية ايضا على هذا وكان احمد الطبيب هو ممن برئ منه وكانت [كانت؟] ابنته امراة احمد على هذه الاقوال متبعة لابيها مخالفة لزوجها ومولعة وكانت متكلمة نبيلة مجتهدة القران كاتبة معربة وكان ابا ابو هرون بن اسمعيل الرعيني على هذا القول فذكره ومن قتله وكذب ابن اخته فيما ذكر عن ابيه وكان مخالفوه من الميسرية وكثير من موافقته ينسبون اليه القول باكتساب النبوة يعني لذلك ان من بلغ الغاية من الصلاح وطهارة النفس ادرك النبوة ولا بد وانها ليست اختصاصا اصلا وقد راينا منهم من ينسب هذا القول الى محمد بن عبد الله بن ميسرة ويستدل على ذلك بالفاظ في كتبه لعمري انها لتشير الى ذلك ورايت كثيرهم ينكرون ذلك فالله تع اعلم كذا رايتهم من اصحاب اسمعيل الرعيني المذكور من يعرفه بعينه صنّاف الخير فهو كان ينذر باشياء قبل ان تكون فتكون الا ان الذي لا شك فيه عندنا انه كان عند اهل بلده اماما واجب طاعته يؤدون اليه زكوات اموالهم وكان يذهب الى ان الحرام قد عمّ الارض وانه لا فرق بين ما يكتسب المرء بتجارة او صناعة باجرة او ميراث وبين ما يسلبه بقطع الطريق والذي يحل للمسلم من كل ذلك فهو قوته كيف ما اخذه هذا امر صح عندنا يقينا واخبرنا[ه] عنه [عن ا] بعض من يعرف باطن امره انه كان يرى الدار دار كفر مباحة دماء اهلها واموالهم الا اصحابه فقط وصح عندنا عنه انه كان يقول باباحة نكاح المتعة وهذا امر لو كان مجتهدا ولم يقم عليه الحجة نسخه لم يقدح في ايمانه ولا في عدالته لو سلم من الكفران الصلع التي ذكرنا وانما ذكرنا هذا القول عنه عندنا ما خفي لنا من ذكره وغرابة هذا القول اليوم وقلة القائلين به من الناس[1] Die hier ausgesprochene Ansicht über die Prophetie ist diejenige der „Philosophen" bei Jeh. Halêwi, al-Chazari I § 1, Ende. More II 32. Ueber Abû Ahmed al-Ma'âfiri s. Tabak. al-nuf. ed. Meursinge Nr. 8.

wer die höchste Stufe der Frömmigkeit und der Reinheit der Seele erreicht, unbedingt zum Propheten wird, die Prophetie sei also keine besondere Gabe Gottes.

Eine eifrige Verfechterin hatten die Anschauungen des Ibn Mejsara und Ismâ'il al-Ru'ejni an der Tochter des Letzteren, die im Gegensatze zu ihrem Gemahl, Aḥmed und ihrem Sohne, die sich zu jenen Anschauungen nicht zu bekennen wagten, an den Anschauungen ihres Vaters festhielt, ein muhammedanisches Gegenstück zu jener karäischen Mu'allima, die nach dem Tode ihres Mannes die Lehren des Karäerthums in Spanien zu verbreiten bestrebt war[1]).

Ibn Hazm schliesst seine Mittheilungen über diese ketzerische Familie mit der Bemerkung, dass er es für angezeigt gehalten habe, deren Anschauungen mitzutheilen, da sie zu seiner Zeit sehr wenige Anhänger hatten.

Jedenfalls ersehen wir daraus, dass ḳadaritische und sonstige ketzerische Anschauungen noch vor dem Auftreten der Philosophen auch in Spanien bekannt waren. Ausserdem aber konnte Ibn Ezra auch durch die Schriften der Karäer, von denen eine grosse Anzahl ihm bekannt war, mit mu'tazilitischen Lehren bekannt werden. Und in der That finden wir zwischen den Schriften des Josef al-Basir, die auch von dem Freunde Abr. Ibn Ezra's, Josef Ibn Zaddik, benutzt wurden, und dem hier zu besprechenden Schriftchen Ibn Ezra's eine solch auffallende Uebereinstimmung, dass wir nicht fehlgehen dürften, wenn wir annehmen, Ibn Ezra biete uns in dieser Schrift nur die gereimte Zusammenfassung einzelner Capitel aus dem Muḥtawi des Josef al-Basir, oder aus einer anderen Schrift desselben, deren Inhalt mit demjenigen des Muḥtawi li-uṣûl al-din zum Theil identisch ist.

Im ersten Absatz spricht Ibn Ezra von den drei Erkenntnissquellen, denen wir schon bei Sa'adja begegneten und von einzelnen Grundbegriffen, welcher er in der Behandlung der folgenden Puncte bedarf. Alle Dinge sind existirend, oder nichtexistirend, ein Drittes ist ausgeschlossen[2]). Das Existirende ist, was dasteht und ist, das Nichtexistirende, was nicht dasteht und ist.[3]) Ein Ding kann unmöglich existirend und nichtexistirend zugleich, zusammenhängend und aufgelöst zur selben Zeit sein. Ewig ist, was keinen Anfang und kein Ende hat, geschaffen, was ein Ende und einen Anfang hat[4]).

Dies sind einzelne Prämissen, welchen sich aber im folgenden Puncte noch andere anschliessen. Die Welt besteht aus Substanzen und Accidenzen[5]). Substanz ist was einen Raum einnimmt und ein anderes Ding verhindert (zur selben Zeit) an seine Stelle zu treten. Das Accidens ist, was der Substanz zukommt und auf der Substanz sich befindet, es gibt aber keine Substanz ohne Accidens[6]). Das Accidens kann verschwinden, wenn ein anderes Accidens an seine Stelle kommt, welches dem ersten entgegengesetzt ist, die Substanz aber bleibt[7]). Die Zusammensetzung der Substanzen bildet den **Körper**. Dieser ist etwas, was drei Dimensionen einnimmt[8]). — Der Körper ist nothwendiger Weise in zusammenhängendem oder aufgelöstem Zustande, zusammenhängend ist aber ein Körper, wenn

---

1) Abr. Ibn Dâwûd, ס' סדר הקבלה ed. Neubauer S. 79.

2) ס' נעימות, Leidener HS. cod. Warner 41, 8b. [illegible]

3) Das. [illegible]

4) Das. [illegible] Muḥtawi 8b. ولهذا لم نجوز في بعض الاوقات وفي بعض المواضع دخول قسم ثالث في المعلوم لا موجود ولا معدوم فكذلك لا يجوز في اثبات جوهرين في بعض الاحوال لا مجتمعين ولا مفترقين. Ebenso heisst es bei Jehuda Hadassi אשכל הכפר, Nr. 64. [illegible]

5) ס' נעימות das. [illegible]

6) Das. [illegible]

7) Das. 4a. [illegible]

8) Das. 8b. [illegible]

es zwischen zwei Substanzen keine Entfernung gibt, im entgegengesetzten Falle ist er in aufgelösten Zustande[1]).

Bevor nun Ibn Ezra zur Anwendung dieser Prämissen übergeht, um mit ihrer Hülfe das Dasein des Schöpfers zu erweisen, hält er es für nothwendig zu bemerken, dass der Prophet zwar die Wahrheit verkündet und diese durch Wunder bestätigt hat, es sei jedoch nothwendig zu erkennen, wer den Propheten gesandt, wer dieser sei, was seine Beweise und welcher Art seine Verkündigungen sein müssen. Darum ist es auch nothwendig zu untersuchen, ob die Welt einen Schöpfer hat, den wir aber durch seine Werke erkennen können[2]).

Hier folgen Ausführungen, welche mit denen Josef al-Basir's noch mehr als die bisherigen übereinstimmen. — Wenn ich sehe, heisst es bei Ibn Ezra, dass der zusammenhängende Körper in den Zustand der Auflösung übergeht, so weiss ich, dass er seine Eigenschaft aus irgend einem Grunde verändert haben muss[3]). Denn er ist zusammenhängend entweder seinem Wesen nach, oder wegen seiner Existenz, oder wegen seiner Nichtexistenz, oder wegen der Nichtexistenz irgend eines Dinges, oder wegen eines Agens, oder wegen der Existenz irgend eines Dinges[4]). Wenn der Körper nun seinem Wesen nach zusammenhängend wäre, so würde er seine Eigenschaft (des Zusammenhanges) nicht verlieren, denn diese Eigenschaft gehört zu seinem Wesen, und mit ihrem Aufhören müsste zugleich sein Wesen aufhören[5]). So ist z. B. die Substanz eine solche ihrem Wesen nach, daher kann sie nicht aufhören Substanz zu sein. Da aber der Körper in einen aufgelösten Zustand übergeht, wissen wir, dass er nicht seinem Wesen nach zusammengesetzt ist. — Der Körper kann auch seiner Existenz nach nicht zusammenhängend sein, da er sich auflöst und doch existirt[6]). Er kann nicht wegen der Nichtexistenz zusammenhängend sein, da er sich auflöst und vorhanden, also nicht nichtexistirend ist.[7]) Auch die Nichtexistenz eines Dinges ausser dem Körper kann nicht die Ursache des Zusammenhanges sein, denn da er gegenwärtig nicht wegen der Nichtexistenz eines Dinges im Zustande der Auflösung ist, so müsste daraus folgen, dass ein Körper im selben Augenblicke im Zustande des Zusammenhanges

[1]) Das. 4a. והמפורד הוא כל שני החלקים אשר ביניהם רוחק. והמחובר כל שני חלקים אשר אין ביניהם רוחק כל קך

[2]) Das. 1. שיש בתוך של דברי התורה אשר יספק בה, רק כי התורה והדרך המיוסדות בעת הבאה אשר ישל עם מעשה השם בלא שידע מאד כי הנביא עדה חולש במעשה כאשר שוה כשות הר. Im ganzen Capitel wird ausgeführt, dass der Glaube an die Propheten den Glauben an Gott, an seine Weisheit und Gerechtigkeit voraussetzt, die aus der Thatsache der Schöpfung erwiesen werden können.

[3]) Muhtawi 1a. القول في الدعوى الاولى وهي اثبات اجتماع وافتراق الذي يدل على ذلك هو ان الجسم يجتمع مع جواز ان يفترق فلولا امر اوجب اختصاصه باحد الجائزين لم يكن احدهما بتخصيص اولى من الاخر.

[4]) Das. 1b. فلا يخلو ذلك الامر من ان يكون . . . نفسه او وجوده او عدمه او عدم معنى او لفاعل او لوجود معنى فاذا ابطلنا سائر الاقسام سوى وجود المعنى ثبتت الاعراض وامكن النظر في حدوثها.

[5]) אחת דתו להמית. Der Satz ist entweder so aufzufassen, dann heisst es: „Für ihn gibt es ein Gesetz: dass er getödtet werde" (Esther 4,11), das heisst von dem mit dieser Eigenschaft zusammenhängenden Wesen gilt es, dass es mit dem Aufhören der Eigenschaft aufhört zu sein oder dass es dafür nur ein Gesetz gilt, d. h., es muss immer in demselben Zustande bleiben.

[6]) Das. 1b. والذي يدل على انه لا يجوز ان يكون مجتمع لنفسه ولا لوجوده . . . ان غيره من الاجسام يفترق مع كونه مجتمع ونفسهما ووجودهما وحدوثهما واحد لا يفترقان في شي من ذلك فكان يجب اشتراك الاجسام كلها في صفة مجتمع او مفترق والحال بخلاف ذلك.

[7]) Das. ولا يجوز ان يكون مجتمعا لعدمه (مجتمع) لان عدمه غير حاصل في هذا الحال فهو لا يجوز ان يجتمع لعدمه لحدوثه وهو باق فكذلك لا يجوز ان يجتمع لعدمه وهو موجود.

und der Auflösung sein soll. — Es ist auch nicht möglich, dass der Zusammenhang durch ein Agens bewirkt werde, denn wer in der Substanz eine Eigenschaft bewirken kann, muss diese auch aus dem Nichts ins Dasein rufen können, ferner könnte in diesem Falle der Zusammenhang nur im Augenblicke der Schöpfung stattfinden. Daher bleibt von den sechs Möglichkeiteb nur eine übrig, nämlich, dass der Körper wegen irgend eines Dinges zusammenhängend oder im Zustande der Auflösung ist, dieses Ding ist aber der Zusammenhang und die Auflösung[1]).

Der folgende Absatz handelt vom Geschaffensein des Zusammenhanges und der Auflösung[2]), womit auch die Frage vom Geschaffensein der Accidenzen entschieden wird. — Ich sah, sagt Ibn Ezra, dass die Eigenschaften des Zusammenhanges und der Auflösung nichtexistirend werden können[3]), die Definition des Ewigen ist aber, dass es nicht nichtexistirend werden kann. Was aber beweist, dass sie aufhören können, ist, dass ein Körper durch die Wärme sich auflösen kann und da ist es unmöglich, dass die Eigenschaft des Zusammenhanges noch in ihm finde, denn wenn sie noch in ihm wäre, so dürfte er doch seine Eigenschaft nicht verändert haben und er müsste zusammenhängend sein. Die Eigenschaft des Zusammenhanges kann aber nicht seinen Ort verändert haben, denn den Ort verändern kann nur Etwas, was einen Raum einnimmt[4]), und wir wissen, dass das Accidens keinen Raum einnimmt, denn es besteht nur auf einer (Substanz), daraus folgt, dass die Eigenschaft des Zusammenhanges nicht mehr existirt und ihre Nichtexistenz beweist, dass ein jedes Accidens geschaffen ist.

Nachdem Ibn Ezra also zu erweisen gesucht hat, dass der Zusammenhang und die Auflösung der Körper eine besondere, accidentielle und geschaffene Eigenschaft der Körper ist, sucht er zu beweisen, dass auch die Körper geschaffen sind. „Ich sah, also setzt er fort[5]), dass der Körper mit

[1]) Das. 2b. والكلام في كونه مجتمعا لعدم معنى يجري على هذا النحو فلا يكون كونه مجتمعا بالحصول اولى من كونه مفترقا وذلك انه ان اجتمع لعدم معنى سوى ما به يكون مفترقا Das. 3a. واعلم ان المجتمع لو كان لعدمهما معا يصح وفي ذلك كونه مجتمعا مفترقا في وقت واحد مجتمعا بالفعل لم يجز ان يجتمع الا في حال حدوثه فقط. Zur Begründung führt Josef al-Basir an, dass so wie die Eigenheiten der Schrift nur im Momente des Schreibens vom Schreibenden abhängig sind, ebenso wäre die Eigenschaft des Zusammenhanges nur im Momente des Entstehens von dem Agens abhängig, wenn sie durch diesen bewirkt würde. Das. ويدل على ذلك ايضا ان القادر على جعل الذات على صفة يجب ان يكون قادرا على ايجاده.

[2]) Kerem chemed IV S. 3. Die Worte [illegible] sind als Ueberschrift des Absatzes zu betrachten und vom Folgenden zu sondern.

[3]) [illegible] nämlich הנאסף והנפרד. Mubt. 3b. القول في الدعوى الثانية وهو حدوث الاجتماع والافتراق ، الدلالة على ذلك مبنية على اصلين احدهما جواز العدم عليهما والاخر ان القديم لا يجوز عليه العدم.

[4]) Das. 4a. وانما قلنا بعدمهما من حيث ان الجسم اذا افترق بعد كونه مجتمعا في حال افتراقه فيجب عدمه لاستحالة انتقاله منه الى جسم اخر لما في ذلك من وجوب تحيزه وقد بين من قبل ان الاعراض لا تشغل حيزا فلو انتقلت لشغلت غير ما كانت شغلته اذ ذلك حقيقة الانتقال.

[5]) Mubt. 5a. . . . القول في الدعوى الثالثة وهي ان الجسم لم يخل من الاجتماع والافتراق ، Das. 6b. فقد بان لك لا يجوز ثبوت جوهرين في بعض الاحوال لا مجتمعين ولا مفترقين. ان الاجتماع والافتراق والحركة والسكون معان ترجع الى الاكوان فاذا علمنا محدثة وعلمنا ان الجسم لم يتقدمها بل لكونه الان فواجب ان تعلم ان الجسم مشارك لها في الحدوث لما نبينه من ان ما لم يخل من المحدث محدث مثله ، S. auch Kaufmann, a. a. O. S. 281, A. 86.

allen Theilen nothwendigerweise zusammenhängend oder aufgelöst ist, denn ein Drittes existirt nicht (ist ausgeschlossen[1]) so dass wenn jemand sagen würde, er habe einen Körper gesehen, der weder zusammenhängend, noch aufgelöst ist, so würde ich es nicht glauben. Nachdem aber der Körper von diesen Eigenschaften nicht frei sein kann, daraus folgt, dass Substanz und Accidens gleich geschaffen sind. Denn der Begriff des Ewigen ist, dass seine Existenz kein Ende hat, wenn wir also die Substanz immer nur mit dem Geschaffenen beisammen finden, so ist sie diesem gleich (d. h. geschaffen). Wenn aber der Körper nicht geschaffen, sondern ewig wäre, so müsste er vor dem Accidens dagewesen sein und müsste auch ohne Zusammenhang und Auflösung existiren, [da aber dies nicht der Fall ist][2]) so folgt daraus, dass der Körper ebenso, wie das Accidens geschaffen ist.

Nun folgt der Beweis für das Dasein des Schöpfers[3]). Nachdem Alles geschaffen ist, bedürfen die Dinge eines Schöpfers[4]). Denn ich sehe, dass meine Werke meiner bedürfen und wenn ich nicht bin, so sind auch meine Werke nicht vorhanden. Die Werke eines Anderen bedürfen seiner und hängen nicht ab von mir. „Das Werk bedarf aber des Schöpfers, weil es geschaffen ist[5]), und nur das was nicht existirend ist, bedarf seiner nicht[6]).“ Da wir aber wissen, dass der Körper geschaffen ist und alles Geschaffene eines Schöpfers bedarf, worin es zwischen Substanz und Accidens keinen Unterschied gibt, denn beide sind existirende Dinge, daraus folgt, dass die Welt einen Schöpfer hat.

Wir hielten es für nothwendig, die schwierigeren Theile des Schriftchens ausführlicher wiederzugeben. Von den folgenden Puncten werden wir nur kurz den Inhalt angeben und in den Anmerkungen auf die betreffenden Capitel des Muḥtawi hinweisen.

Nachdem Ibn Ezra, das Dasein Gottes zu beweisen gesucht, handelt er in drei Puncten vom Wesen, von der Einheit und den Eigenschaften Gottes. Gottes Wesen ist unerkennbar, er kann mit seinen Geschöpfen nicht verglichen werden. Er ist ewig, denn wenn er einen Schöpfer hätte, müsste dieser auch einen Schöpfer haben und wir müssten eine unendliche Reihe von Schöpfern annehmen[7]). Gott bedarf keines Ortes und auch keines seiner Geschöpfe.

[1]) In der 2. Zeile des Absatzes ist für [illegible] zu lesen [illegible].

[2]) Die Worte [illegible] geben keinen Sinn, der Zusammenhang fordert aber die in Klammern gegebene Ergänzung oder etwas Aehnliches.

[3]) Muht. 11a. باب في اثبات المحدث Am Anfange des Capitels ist von den Bewegungen, welche vom Willen des Menschen abhängen und vom Unterschied die Rede, der zwischen ihnen und den vom Willen unabhängigen Zuständen ist.

[4]) [illegible] محدث الحوادث.

[5]) [illegible] Muht. 11b. وانا احتج اليف لاجل حدوثه بدلالة انه لو كان قديما لوجب ان يستغني عن محدث Ebenso sagt Jehuda Hadasi, [illegible] Nr. 26. [illegible]

[6]) [illegible] Für [illegible] ist wohl [illegible] zu lesen. Die Stelle wird durch Muht. 12a erläutert: الا ترى انك قلت ان الكتابة علة حاجتها الى فاعلها حدوثها فلو استغنى الجسم عن محدث مع حدوثه لكان لو قلنا ان الكتابة لا علة لاحتياجها الى المحدث ما زالت الحال: ويبين ذلك ان الحركة لما كانت علة في كون محلها متحركا لم يجز وجودها في موضع وفي غير علة في تحركه „Wir sagen, dass die Ursache davon, dass die Schrift nothwendigerweise einen Urheber haben muss, darin liegt, dass sie entstanden ist, wenn also der Körper trotz seines Entstandenseins keines Schöpfers bedarf, so müssten wir annehmen können, dass es keinen Grund giebt, dessenthalben die Schrift einen Urheber haben müsse, ausser ihrem gegenwärtigen Zustande. Die Erklärung hiervon aber ist, dass nachdem z. B. die Bewegung die Ursache davon ist, dass ihr Substrat sich bewegt, ihre Existenz an keinem Orte möglich ist, wenn sie nicht die Ursache des Sichbewegens ist.“ Das ist wohl so zu verstehen, dass ebenso wie Schrift nothwendigerweise den Act des Schreibens und einen Schreibenden, das Sichbewegen eines Körpers den Act der Bewegung voraussetzt, ebenso setzen die geschaffenen Dinge den Schöpfungsact und einen Schöpfer voraus.

[7]) Muht. 25a. فنقول فيما نحن بسبيله انه لو لم يكن تع قديما لوجب كونه محدثا من حيث ان الوجود لا يخلو من ذلك وما ذلك به من قبل على حاجة الاجسام على محدث

Der folgende Absatz enthält die drei Prämissen, dass zwei sonst vollkommene Substanzen sich doch durch den Ort (הפאה — التجهة) unterscheiden, zwei Accidenzen dadurch, dass sie besondere Substrate haben, zwei geschaffene Dinge, dass sie in verschiedenen Zeitpunkten geschaffen worden sind.

Auf diese Prämissen baut er dann weiter die Anschauungen über die Attribute Gottes. Gott ist allmächtig, allwissend, aber seine Allmacht und Weisheit sind nicht ewig[1]).

Er ist einzig, denn mehrere Schöpfer können unmöglich existiren, da wenn Beide dieselben Eigenschaften besitzen, so müssen sie identisch sein[2]), sind aber ihre Eigenschaften verschieden, so kann der zweite auch nicht existirend sein.

Macht und Weisheit sind Accidenzen, die als solche nur auf Substanzen bestehen können. Gott ist aber weder Substanz, noch Accidens, also müssen diese Eigenschaften nothwendigerweise mit ihm eins sein. Sie können ja gar keine besondere Eigenschaften sein, da sie sich doch weder durch die Zeit ihrer Entstehung, noch durch den Träger unterscheiden und sie können auch keine besondere Substanzen sein. Sie sind nicht ewig im selben Sinne wie Gott, und sind auch nicht geschaffen.

Die letzten zwei Puncte betreffen die Lehre von der Gerechtigkeit Gottes, in denen Ibn Ezra mit Sa'adja einzelne Berührungspuncte zeigt[3]).

Auch in den übrigen Schriften des Abraham b. Ezra finden sich Spuren der Bekanntschaft mit den Kalâm. Die von ihm erwähnten חכמי המחקר und חכמי שקל הדעת sind in manchen Fällen gewiss die Mutakallimûn[4]). Von jüdischen Kalâmwerken werden von ihm das „Kitâb al-tauḥid" eines Gaons und das Werk des Sa'adja angeführt[5]). — Er bedient sich manchmal der Eintheilung der Gebote in Offenbarungs- und Vernunftgebote[6]), wie auch derjenigen nach welcher die Gebote in solche, die im Herzen, durch die Zunge und durch Werke erfüllt werden, einzutheilen sind[7]). Aber die Seltenheit dieser Spuren, die übrigens auf jüdische Quellen zurückgehen, beweist, dass der Einfluss des Kalâms im Judenthum im Niedergange begriffen ist.

يدل على حجة كل محدث الى محدث اذ دنت الحوادث فيه احتجت الى المحدث لاجل حدثها في الحدث واجب ان يشرك في الحاجة الى محدث فلو دون نصنع الاجسام محدث ومحدثه [25b] من غير انتهاء ثناه الى موجود يستغني بقدمه عن محدث لا حصل ذلك بما لا نهاية له ٠ بما بينه ... يدل على استحالة محدثين لا نهاية لهم الخ.

[1]) תר אֱלוֹהּ בלא תמה אל הוא קדמה כי Mubt. 25a. انا لان الشيئين لا يصح قدمه تع قدرته ولون اشترد فيه يرجع الى ثانيه وجب ان يكونا متلوين Eine mu'tazilitische Anschauung.

[2]) Ueber diesen Beweis für die Einheit Gottes s. Kaufmann a. a. O. S. 291 Anm. Mubt. 42a. ثم يقال اخر وهو ان الصفات المتعلقة بالغير اذا رجعت الى النفس وجب كون المتعلقة واحدا اذا تماثله الخالقان.

[3]) So, in den Sätzen über die Propheten und deren Wunderthaten Amânât S. 118ff.

[4]) Comm. zu Koh. 4, 3. כמו שיאמרו חכמי שקל הדעת כי כל דבר הוא יש או אין ...

[5]) יסוד מורא ed. Stern 16a. Ueber die Stelle s. Kaufmann a. a. O. S. 504.

[6]) יסוד מורא Cap. 5 gr. Comm. zu Exod. 20, 2. Comm. zu den Ps. 78, 5. Andere Stellen s. bei Friedländer, Essays on the writings of Abraham Ibn Ezra S. 49.

[7]) Einleitung zur Erklärung der zehn Gebote, Exod. 20, 2. Hosea 4, 15. Vgl. auch zu Ps. 125, 4. Vielleicht ist diese auf Bachja zurückzuführen.

Moses ben Maimon.

Es ist eine merkwürdige geschichtliche Thatsache, dass im westlichen Islam gegen den Kalâm, auch gegen den as'aritischen, in den weitesten Kreisen der Bevölkerung eine Abneigung herrschte. Die biographischen Schriftsteller des muhammedanischen Spaniens, wie Ibn Baškuwâl, Ibn al-Abbâr, Al-Ḍabbi, wissen zwar viel von Exegeten, Fukahâ', Asceten und Dichtern zu erzählen, aber der Kalâm hat dort keinen hervorragenden Vertreter gehabt. Der westliche Islâm hatte wohl in seiner besten Zeit eine hochentwickelte materielle Cultur, aber die Erscheinungen des Geisteslebens zeigten nicht jene wunderbare Mannigfaltigkeit, wie in dem östlichen Islâm[1]). Dies zeigt sich besonders auf dem religiösen Gebiete. In Spanien war das freie Hervortreten der ketzerischen Richtungen, wie wir es in Bagdâd und Basra, wo sich Ideen verschiedener Provenienz durchkreuzten, beobachten können, durch den Fanatismus der Traditionsgelehrten unmöglich gemacht worden. Welchen Geistes diese waren, können wir am Beispiele Ibn Hazms sehen. Aber eben dieser Umstand trieb die Denkenden einer viel radicaleren Weltanschauung zu, wie z. B. die der Mu'taziliten war und ihm ist es zu verdanken, dass während im Osten nach al-Ġazâli eine ganze Reihe von as'aritischen Dogmatikern auftritt, die Denker Andalusiens dieser Vermittelungstheologie den Rücken kehren, und der Philosophie der Peripatetiker sich zuwenden. Dem Fanatismus der Orthodoxie ist es zuzuschreiben, dass der Averroïsmus in Spanien erstanden ist, der dann auch in christlichen Ländern eine Quelle religiösen Freidenkerthums geworden ist.[2])

Aus unserer bisherigen Darstellung ergiebt sich, dass die Rabbaniten in Spanien die Lehren der Mu'taziliten in erster Reihe aus der Darstellung der Karäer kennen gelernt haben, aber manche Vorstellungen des Kalâms sind durch andere Quellen zu ihnen gedrungen. Dass ihnen der as'aritische Kalâm bekannt war, beweist das erste Capitel von Bachja's Herzenspflichten und die kurze Darlegung seiner Lehren bei Jehuda Halêwi[3]). Doch sehen wir, dass sobald sie mit den Schriften der „Lauteren" und mit neuplatonischen oder aristotelischen Schriften bekannt wurden, diese bei ihnen mehr Anklang finden. Und so beginnt mit Abraham Ibn Dâwûd die Herrschaft der Aristoteliker im Judenthume, welche den Einfluss des Kalâms vollständig verdrängt. Abraham Ibn Dâwûd scheint ihm noch nicht jene Antipathie entgegengebracht zu haben, wie Maimonides, Josef Ibn Zaddiks Polemik wird mehr darauf zurückzuführen sein, dass er karäische Werke vor sich hatte, der scharfe Gegensatz zwischen Kalâm und Philosophie tritt erst bei Maimonides zu Tage. Schon im Mischnacommentar finden wir abfällige Aeusserungen über die erkenntnisstheoretischen Anschauungen der Mutakallimûn[4]), über die Eintheilung der Gebote in Vernunft- und Offenbarungsgebote. Wir wissen, dass Maimonides mit einem Schüler des Ibn Bâġa verkehrt hat und das war eben der Kreis, in welchem Maimonides Gelegenheit hatte, die Anschauungen der Mutakallimûn gründlich verachten zu lernen. In Aegypten und Syrien musste hingegen der as'aritische Kalâm um die Zeit, als Maimonides dort lebte, sehr viele hervorragende Vertreter gehabt haben und ihre Lehre wurde durch die Ejjûbiden sowohl in Syrien als auch in Aegypten begünstigt. Muhammed b. Hibet Allah b. Mekki al-Ḥamawi, dessen Rechtsgutachten in ganz Aegypten nachgesucht wurden, schrieb für den Sultân Ṣalâḥ al-Din ein Lehrgedicht (Urǵûza), in welchem er den as'aritischen Kalâm darstellte und das den Titel „Ḥadâ'iḳ al-fuṣûl wa-ǵawâhir al-uṣûl" führte[5]).

[1]) Ausführlich ist dies von Goldziher in seiner ungarischen Abhandlung über die Stellung der Araber in Spanien in der Entwickelungsgeschichte des Islâms („A spanyolországi arabok helye az iszlám fejlődése történetében". Abh. der ung. Akad. d. Wiss. I. Sect. Bd. VI Nr. 4) dargelegt worden. Characteristisch ist für die Stellung des Kalâms in Spanien die Aeusserung des Ibn 'Abdal-Berr bei al-Ḍabbi, ed. Codera et Ribera S. 146. اجمع اهل الفقه والاثر في جميع الامصار ان اهل الكلام اهل بدع وزيغ ولا يعدون عند الجميع في طبقات العلماء وانما العلماء اهل الاثر والتفقه فيه. Eine andere dort angeführte Aeusserung lautet: اهل الاهواء عند مالك وسائر اصحابنا هم اهل الكلام فكل متكلم فهو من اهل الاهواء والبدع اشعريا كان او غير اشعري ولا تقبل له شهادة في الاسلام.

[2]) S. Goldziher in ZDMG. Bd. 41, S. 68 ff. 94, 97.

[3]) S. ZDMG. Bd. 42, S. 622.

[4]) Einleitung zum Abotcomm. I.

[5]) Ibn al-Subki II S. 212.

Für die Stellung der Ejjûbiden zur Lehre der Aš'ariten[1]) ist die folgende Erzählung Ibn al-Subki's[2]) sehr charakteristisch. Der Šâfi'it 'Abd al-'Azîz b. 'Abd al-Salâm al-Sulami, (geb. im J. d. H. 578) der ein so grosses Ansehen genoss, dass er der „Sultân der Gelehrten" genannt wurde, ist von den Ḥanbaliten wegen seines aš'aritischen Glaubensbekenntnisses angefeindet worden. Diesen ist es gelungen, al-Malik al-Ašraf, der zu jener Zeit in Damaskus herrschte, von der Wahrheit ihrer Lehre zu überzeugen, so dass er die Aš'ariten als Ketzer betrachtete. Sie suchten ihn auch gegen den „Sultân al-ulamâ'" einzunehmen, indem sie ihn darauf aufmerksam machten, er wäre ein Aš'arit, der die Lehre vom Ungeschaffensein der Buchstaben und Laute des Korâns als eine Ketzerei betrachtet und der sich zur unsinnigen Lehre des Aš'ari bekennt, dass das Brod nicht sättige, das Wasser den Durst nicht stille und das Feuer nicht versenge[3]). Sie schrieben Fetwâ's in dieser Frage, welche dann den 'Abd al-'Azîz al-Sulami dazu veranlassten, ein Glaubensbekenntniss zu schreiben. Dies scheint ihm aber nicht viel genützt zu haben, bis einmal der ḥanafitische Šejch Ǵamâl al-Dîn al-Ḥuṣejri den Malik al-Ašraf besuchte. Als dieser dem Sultân vorhielt, dass, wenn ein Gelehrter wie 'Abd al-'Azîz irgendwo in Indien oder am Ende der Welt sich aufhielte, so müsste der Fürst die grössten Anstrengungen machen, zum Segen und zum Ruhme desselben, ihn in sein Land zu bringen, antwortete ihm der Sultân, er habe in Betreff seines Glaubensbekenntnisses mit ihm eine Affaire gehabt und zeigte ihm die Akîda des 'Abd al-'Azîz. Ǵamâl al-Dîn las sie zu Ende und sagte: „Das ist ja das Glaubensbekenntniss der Muslime, der Schlachtruf der Frommen, die Seele der Gläubigen! Alles was in den zwei Blättern steht, ist richtig, wer aber entgegengesetzter Meinung und der Ansicht der Gegner ist in Betreff der Buchstaben und Laute, der ist ein Esel"[4]). In Folge dieser Aeusserung bereute der Sultân sein bisheriges Verhalten und überschüttete den 'Abd al-'Azîz mit den Zeichen seiner Gnade. Die Ḥanbaliten aber setzten den Streit mit den Aš'ariten fort, wenn sie untereinander waren, gab es immer Gezänke und Schlägereien, bis es vom Sultân beiden Parteien verboten wurde, über die „Mas'alat al-kalâm" zu sprechen. Vollständig wurde der Sieg der Aš'ariten, als al-Malik al-Kâmil einmal aus Aegypten nach Damaskus kam. Ibn al-Subki berichtet nach dem Sohne des 'Abd al-'Azîz[5]), dass

[1]) S. M. v. Berchem in ZDPV XVI S. 94 ff.

[2]) Bd. II S. 363 ff.

[3]) Die Aš'ariten lehrten, dass die Atome und die Accidenzen in einem jeden Augenblick von Gott geschaffen werden. Die Dinge besitzen also ihrer Natur nach überhaupt keine Eigenschaften, nur diejenigen, welche von Gott geschaffen werden.

[4]) Das Gespräch scheint für die Stellung der Gelehrten gegenüber den Fürsten charakteristisch zu sein. S. 371. فقال له (للملك الاشرف) الشيخ ليش بينك وبين ابن عبد السلام هذا رجل لو كان في الهند او في اقصى الدنيا كان ينبغي للسلطان ان يسعى في حلوله في بلاده لتتم بركته عليه وعلى بلاده ويفتخر به على سائر الملوك قال السلطان عندي خطه باعتقاده في فتيا وخطه ايضا في رقعة جواب رقعة سيرتها اليه فيقف الشيخ عليهما ليكون الحكم بيني وبينه ثم احضر السلطان الورقتين فوقف عليهما وقراهما الى آخرهما وقال هذا اعتقاد المسلمين وشعار الصالحين ونفس المؤمنين وكل ما فيهما صحيح ومن خالف ما فيهما وذهب الى ما قاله الخصم من اثبت الحرف والصوت فهو حمار.

[5]) II S. 372. لم يزل الامر مستمرا على ذلك الى ان اتفق وصول السلطان الملك الكامل رحمه الله الى دمشق من الديار المصرية وكان اعتقاده صحيحا وهو من المتعصبين لاهل الحق قائلا بقول الاشعري رحمه الله في الاعتقاد وكان [372] وهو في الديار المصرية قد سمع ما جرى في دمشق في مسئلة الكلام فرام الاجتماع بالشيخ واعتذر اليه فطلب منه ان يكتب له ما جرى في هذه القضية مستقصى مستوفى فامرني والدي رحمه الله بكتابة ما سقته في هذا الجزء من اول القضية الى آخرها فلما وصل ذلك اليه ووقف عليه اسر ذلك في نفسه الى ان اجتمع السلطان الملك الاشرف

dieser Sultân sehr rechtgläubig war und sich zur Lehre al-Aš'arî's bekennend, einen Eifer für die Sache der „Ahl al-ḥaḳḳ" hatte. Er hörte schon in Aegypten, was sich in Damaskus zugetragen hatte und als er hierherkam, kam er zusammen mit dem Šejch 'Abd al-'Azîz und ersuchte diesen, er möge ihm über die ganze Sache schriftlich Bericht erstatten. Der Šejch liess durch seinen Sohn den Bericht fertigstellen, welcher dann von al-Malik al-Kâmil durchgelesen wurde. Er merkte sich die Sache und als er mit al-Malik al-Ašraf zusammenkam, sagte er ihm: O Fürst![1] Ich habe gehört, dass zwischen den Šâfi'iten und Ḥanbaliten in der Frage des Gotteswortes ein Streit ausgebrochen ist und dass die Entscheidung des Sultâns angerufen wurde. Was hast Du in dieser Angelegenheit gemacht?" Da antwortete al-M. al-Ašraf: „O Fürst! Ich habe beiden Parteien verboten über die Frage zu disputiren." Das war das Ende des Streites.

Der Bericht zeigt uns, dass manche Fragen des Kalâms in den Ländern, wo Maimonides sich aufhielt, brennende Tagesfragen waren und wie die theologischen Parteien bestrebt waren, die Machthaber für sich zu gewinnen, um die Gegner unterdrücken zu können. Wir ersehen auch aus ihm, dass nicht lange nach Maim. der Sultân Aegyptens selbst ein Aš'arit war. Für die Ejjûbiden aber ist es bezeichnend, dass wenn sie auch für die eine oder die andere Partei eingenommen waren, so waren sie zu solchen Verfolgungen in ihrem Interesse doch nicht geneigt, wie sie in der muhammedanischen Welt zu wiederholten Malen vorgekommen sind.

Unter diesen Verhältnissen werden wir es aber recht begreiflich finden, dass Maim im „Führer" seinem Schüler, oder wenn dies nur eine Einkleidungsform ist, den Denkenden seines Volkes über das System der Mutakallimûn Aufschluss ertheilen wollte. Nach den angeführten Thatsachen werden wir es auch für selbstverständlich erachten müssen, dass wenn Maimonides eine systematische Darstellung des Kalâms geben wollte, er zuvörderst denjenigen der Aš'ariten vor Augen hatte, deren Bücher ihm in Menge zugänglich waren, deren Lehre von den Šejchen in den Moscheen von Kairo vorgetragen wurde, nicht aber von den Ansichten der Mu'taziliten, die um diese Zeit wohl wenige Vertreter hatten[2]) und die immer mehr als ketzerische verfolgt wurden. Es bedarf wohl keines besonderen Beweises, dass Maimonides in der Lage war, die Anschauungen der Mutakallimûn kennen zu lernen. Gewiss hatte er diese nicht nur aus den Schriften ihrer Gegner, der Aristoteliker gekannt, schon aus dem Grunde, weil es in Kairo unter den Muhammedanern, mit denen Maimûnî zu verkehren Gelegenheit hatte, viele eifrige Anhänger des aš'aritischen Kalâms gegeben haben wird, bei denen man nicht mit einer aus den gelegentlichen Bemerkungen der Peripatetiker geschöpften Kenntniss des Kalâms auskommen konnte. Nachdem die betreffenden Stellen des „Führers" schon dargestellt worden sind[3]), beschränken wir uns auf die Hervorhebung der einzelnen Puncte und weisen hin auf die Stellen uns zugänglicher Kalâmwerke oder sonstiger Schriften, welche, wie wir sehen werden, die Darstellung des Maimonides vollkommen rechtfertigen.

Anders verhält es sich freilich mit seiner Ansicht über die Entstehung des Kalâms. Er hat die Verwandtschaft zwischen den Anschauungen des Johannes Philoponus und des Jaḥja Ibn 'Adî und zwischen denen der Aš'ariten, oder auch der späteren Mutaziliten bemerkt und dies führte ihn zur Annahme, dass der Einfluss der Kirchenliteratur die Entstehung des Kalâms bewirkt hat. Wie wir

رحمه الله تع وقال له يا خوند كنت سمعت انه جرى بين الشافعية والحنابلة خصم فى مسئلة الكلام فما انا صنعت فقال يا خوند منعت الفريقين من الكلام فى مسئلة الكلام وانقطع بذلك الخصم.

Die hier erzählten Ereignisse haben nur zwischen den Jahren 1228 und 1238 stattfinden können, denn die Herrschaft al-Malik al-Ašraf's begann erst nach 1228 und al-Malik al-Kâmil starb im Jahre 1238, da aber die Bewegungen, die hier geschildert werden, nicht plötzlich entstehen, sind die auf dieselben bezüglichen Daten wohl geeignet, den Stand der theologischen Bewegung auch zur Zeit des Maim. zu beleuchten.

[1]) Aus der Stelle geht hervor, dass auch der Sultân von Damaskus den Titel خوند führte, nicht nur derjenige von Aegypten. Vgl. Vullers, Lexicon persico-latinum, s. v.

[2]) Dass es zur Zeit des Maim. noch Mu'taziliten gegeben hat, geht daraus hervor, dass Râzî, Maf. V S. 713 über ein Gespräch mit einem Mu'taziliten berichtet.

[3]) Guttmann, Das religionsphilosophische System der Mutakallimûn. Breslau 1885, dessen allgemeine Behauptungen aber vielfach der Berichtigung bedürfen.

oben ausgeführt haben, ist die Entstehung des Kalâms anders zu erklären, wir werden aber Gelegenheit haben zu bemerken, dass die erwähnte Wahrnehmung des Maimonides in Betreff des späteren Kalâms eine richtige war. Auch die Anschauung des Maimonides scheint nicht begründet zu sein, dass es nur zufällig war, dass Rabbaniten und Karäer den Mu'taziliten sich angeschlossen haben [1]). Welche Schwierigkeiten hätten diese in der Erklärung der religiösen Documente zu überwinden gehabt, wenn sie Aš'ariten gewesen wären! Es ist überhaupt kaum denkbar, dass die Anhänger einer Religionsgemeinschaft im Mittelalter mit einer heiligen Schrift, in denen die Schriften der Propheten Platz nehmen, einer fatalistischen Weltanschauung, wie die der Aš'ariten huldigen können. Auch das ist zu beachten, dass die jüdischen Mutakallimûn durch Zweifel und durch die Angriffe von Ketzern zur religiösen Speculation getrieben wurden und sie suchten die Waffen zur Vertheidigung ihrer Lehren bei denen, die ihnen die stärkeren, vernünftigeren und zuverlässigeren zu sein schienen. Gaonen und Karäer hielten die Mu'taziliten für solche, ebenso wie Maimonides die Aristoteliker.

Haben wir die Anschauung Maimûni's über die Entstehung des Kalâms und über die Ursache des Einflusses, welchen der Mu'tazilismus auf die Juden ausgeübt hat, nicht annehmen können, so können wir doch seine Mittheilungen über die Lehren der Mutakallimûn nur bestätigen. Auf Grund seiner Kenntniss der aš'aritischen Kalâmwerke konnte er wohl behaupten, dass in diesen Manches der kirchlichen Literatur, Manches wieder, wie die Atomenlehre [2]) und die Lehre vom „leeren Raume" voraristotelischen Philosophen entlehnt ist. Von überall her trugen sie zusammen, meint M. die Elemente ihrer Anschauungen, um nur zu einem bestimmten Resultate zu gelangen, und dabei gaben sie sich der Selbsttäuschung hin, dass sie in ihrer Denkarbeit unbefangen waren. Die alten Mutakallimûn waren recht gründlich, „sie haben die Krankheit mit ihrer Wurzel entfernen wollen", und deshalb haben sie ihre Behauptungen aufgestellt, die von den Späteren mit Unrecht als unnütz betrachtet werden. Aber das Alles hilft Nichts, meint M., denn die Wirklichkeit richtet sich nicht nach unseren Vorstellungen, sondern unsere Vorstellungen haben sich nach der Wirklichkeit zu richten. Das vergassen die Mutakallimûn und darum folgen sie Alle der Methode, dass sie die Schöpfung der Welt zu beweisen suchen, und dann knüpfen sie ihre Ansichten von der Einheit und Unkörperlichkeit Gottes an die Lehre von der Schöpfung der Welt. — In der That ist dies der Gedankengang aller uns zugänglichen Kalâmwerke.

In der Darstellung der Ansichten der Mutakallimûn über das Dasein, die Einheit und Unkörperlichkeit Gottes werden wir derjenigen des Maimonides folgen, indem wir den betreffenden Beweisen die von Maimonides vorgeführten 12 Prämissen voranschicken und dieselben beleuchten, dann werden wir die an mehreren Stellen des „Führers" berührten Lehren des Kalâms zusammenstellen.

Die erste Prämisse der Mutakallimûn ist, dass die Welt aus einzelnen Substanzen, d. h. aus Atomen besteht, die für sich keine Quantität besitzen, bei ihrer Zusammensetzung aber zum Körper werden, der eine Quantität besitzt. Zwei Atome geben nach manchen Mutakallimûn zwei Körper. Die Atome sind einander vollkommen gleich und ein jeder Körper ist aus ihnen zusammengesetzt, nicht durch Vermischung, sondern nach ihrer Lage. Die Existenzformen sind: die Zusammensetzung, Auflösung, Bewegung und Ruhe. Die Vernichtung ist nach ihnen nichts anderes, als die Auflösung der Atome.

Die Formulirung dieser Prämisse entspricht am meisten derjenigen, welche wir bei Al-Ǧuwejni Imâm al-Ḥaramejn finden [3]). Es ist aber selbstverständlich, dass die Atomenlehre bei den Mutakallimûn

[1]) Freilich ist nicht mit Joel und Guttmann, a. a. O. S. 12, anzunehmen, dass dies deshalb geschehen ist, weil die Mu'taziliten „sich von der allzusklavischen Abhängigkeit von den Lehren des Korân freigemacht hatten und dadurch aufhörten, specifisch-muhammedanische Religionsphilosophen zu sein"

[2]) Zur Gesch. des Aš'aritenthums, S. 101. Die Atomenlehre spielt bei Johannes Philoponus eine grosse Rolle. Bei demselben finden wir für das Atom den Ausdruck *ἄτομος οὐσία* (s. Joh. Damasceni Opera, ed. Lequien II S. 101), welcher dem arabischen الجوهر الفرد und dem hebr. עצם פרדי entspricht. Johannes Philoponus wird auch von muhammedanischen Aristotelikern angeführt, s. Steinschneider, Alfârâbi, S. 122.

[3]) Iršâd 4b. وبما يختلفون الالوان وفي الاجتماع والافتراق والحركة والسكون يجمعها ما يتخصص

viele Wandlungen durchgemacht, bis sie bei den Aš'ariten die Form erlangt hat, welche sie nach der Darstellung Maimûni's besitzt[1]).

Die zweite Prämisse ist, dass es einen leeren Raum gibt. Hier hebt Maim. hervor, dass die alten Mutakallimûn, die Begründer ihrer Wissenschaft ebenfalls die Existenz des leeren Raumes (الخلاء) angenommen haben. Dazu werden sie aber durch die Annahme von Atomen gezwungen, denn wenn die Welt von den Atomen voll wäre, so könnten sich diese doch nicht bewegen. Die alten Mutakallimûn die nach Maim. die Existenz des leeren Raumes angenommen haben, sind manche Basrensischen Mu'taziliten[3]), von denen sie zu den Aš'ariten gedrungen sein wird. Nach Ibn Chaldûn war Abû Bekr

الجوهر بمكان او تقدير مكان ؛ والجسم فى اصطلاح الموحدين هو المؤتلف انما ائتلف جوهران كان جسمين اذ كل واحد منهما مؤتلف مع الثانى ؛ Der Imâm al-Ḥaramejn gehörte also auch zu den Mutakallimûn, nach welchen zwei Atome zwei Körper geben.

[2]) Ueber ältere Anschauungen berichtet Ibn Ḥazm, Milal II Bl. 200 b ff. 202 a heisst es: قال ابو محمد وذهب قوم من المتكلمين الى اثبات شى سموه جوهرا ليس جسما ولا عرضا وقد نسب هذا القول الى بعض الاوائل وحد هذا الجوهر عند من اثبته بانه واحد بالذات قابل للمتضادات قائم بنفسه لا يتحرك ولا له مكان ولا له طول ولا له عرض ولا يتجزأ وقالوا انه يتحرك وله مكان وانه قائم بنفسه يحتمل من كل عرض عرضا واحدا فقط كاللون والطعم والمسة (?) ؛ Eine ganze Reihe von Fragen, welche die Atomenlehre betreffen, wird Masâ'il 1 a—41 a behandelt. Wir erwähnen hier diejenigen, welche mit den von Maim. erwähnten Ansichten im Zusammenhange stehen. 1 b. مسئلة فى تماثل الجواهر ؛ ذهب شيوخنا ان الجواهر كلها جنس واحد وذهب شيخنا ابو القسم البلخى الى ان الجواهر قد تكون مختلفة كما انها قد تكون متماثلة وقد قال فى كتبه فى الدلالة على ان الله تع ليس بجسم ما من جسم الا وله شبيه او يجوز ان يكون له شبيه وهذا يقتضى انه يجوز ان الجسم متخلف لجسم اخر الا انه يجوز ان يصير موافقا له ؛ Es mögen noch hier stehen einige Bemerkungen al-Šarastânî's, Nihâjet 173a. مسئلة الجسم ينتهى بالتجزئة الى حد لا يقبل الوصف بالتجزى وتسميه المتكلمون جوهرا فردا وصارت الفلاسفة الى انه ينتهى الى حد لا يقبل الوصف بالتجزى ومدار المسئلة على ان الجسم عند المتكلم هو المركب من اجزاء متناهية وهو يحصره من الجنبات والاطراف لا يشتمل على ما لا نهاية له وعند الفيلسوف الاجزاء انما تحدث بالفعل فى الجسم اما رضا وكسرا واما اشرا واما باختلاف عرضين واما بالوهم والجسم مركب من هيولى وصورة لا من اجزاء متناهية ؛ Ueber die Atomenlehre der Mutakallimûn äussert sich Šihâb al-dîn al-Suhrawardî, Talwîḥât, Hs. der k. k. Hofbibliothek in Wien Flügel Nr. 1581, Bl. 252 r. قال فنعلم ان الجسم ليس له مفصل غير متناهية بالفعل ولا ينفصل الى عدم الانفصال فهو يقبل الانفصال فى الوهم والعقل الى غير النهاية وان امتنعت القسمة فى المحسوسات لمنع فينفصل عقلا لاختلاف عرضين كلونين او لجهتين او اضافتين او نحوهما ؛ Bl. 254 ff. bekennt sich al-Suhrawardî zur Ansicht der Philosophen, die bei allen Dingen eine Zusammensetzung aus صورة und هيولى annehmen. Die Ansicht von den جواهر الافراد wird von ihm abgelehnt.

[3]) Masâ'il 12 b. مسئلة فى ان الجوهرين يجوز ان يكونا مفترقين ولا شىء بينهما ؛ ذهب شيوخنا ان ذلك صحيح وهذا جوزوا ان يكون فى العالم خلاء بل اوجبوا ذلك وقال شيخنا ابو القسم لا يجوز ان يكون الجوهران مفترقين ولا شىء بينهما واحال ان يكون فى العالم خلاء والذى يدل على صحة ما قلناه وجوه ؛ احدها ان العالم لو لم يكن فيه مواضع خالية من الجواهر والاجسام

al-Baḳilâni[1]) der erste von den Mutakallimûn, wohl von den aš'aritischen, der sich dieser Annahme in seiner Speculation bediente, dieser war aber ein Schüler des Ibn Muǵâhid aus Basra. Der Bagdâder Mu'tazilit Abû-al-Kâsim al-Bakhi hat die Annahme zurückgewiesen.

Als dritte Prämisse wird von Maimonides die Annahme der Mut. von Zeitatomen[2]), das heisst, den untheilbaren Zeitmomenten vorgeführt. Diese hängt nach ihm mit der Atomenlehre zusammen. Wenn die Untheilbarkeit der kleinsten Theilchen des Stoffes angenommen wird, so muss sie auch bei den kleinsten Theilchen des Weges, der Zeit und der Bewegung im Raum angenommen werden[3]).

Dass Maim. den Kalâm der späteren Mu'taziliten und der Aš'ariten zur Darstellung bringt, zeigt sich auch bei der folgenden Prämisse, nach welcher die Accidenzen zur Substanz hinzukommende Dinge sind, ohne welche kein Körper existirt. Gegen diese Anschauung, fügt hinzu Maim. wäre Nichts einzuwenden, nur meinen die Mutak. dass einer jeden Substanz von zwei einander entgegengesetzten Accidenzen eine unbedingt zukommen muss[4]). Eine Substanz, an der wir das Accidens des Lebens nicht finden, der haftet dasjenige des Todes an[5]). Ebenso verhält es sich mit den Accidenzen der

لكن ينفجر عليك التصرف فلم علمت ان لا ينفجر عليك فلك علمنا ان فيه خلاء. R. Hai sagt an einer im Jeziracommentar des Jeh. ben Barzilai, S. 149 angeführten Stelle: [illegible]

[2]) S. oben S. 45, A. 2.

[3]) Die Ansicht der Mut. über den Zeitbegriff wird von Fachr al-Dîn al-Râzî in seinem Kitâb al-muḥaṣṣal (HS. Leiden, S. Landberg, Catalogue de manuscrits arabes, Nr. 565) S. 455 dargelegt. اما الزمان وهو مقدار الحركة عند ارسطو فقد احتجوا على انه لا يكون امرا موجودا بوجوه اولها انه لو كان موجودا لكان اما ان يكون موجودا قار الذات فيلزم الحاضر عين الماضي فيكون الحادث اليوم حادثا زمن الطوفان هذا خلف او ان لا يكون قار الذات. Auch Maf. VII S. 698 wird die Frage von ihm behandelt.

[4]) Zu dieser Prämisse s. die Bemerkungen Munks, Guide I :383. Ueber die Banû Šâkir, Munk, das. S. 385. Steinschneider, die hebr. Uebersetzungen des Mittelalters, S. 84.

[5]) Die älteren mu'tazilitischen Šejche hatten hiervon ganz verschiedene Meinungen, hingegen stimmen die Angaben des Maim. mit den Ansichten der späteren Mutak. vollkommen überein. Milal II 200b. قال ابو محمد اختلف الناس في هذا الباب فذهب هشام بن الحكم الى انه ليس في العالم الا جسم وان الالوان والحركات اجسام . . . وذهب ابراهيم بن سيار النظام الى مثل هذا . . . وذهب ضرار بن عمرو الى ان الاجسام مركبة من الاعراض Wiederum ist es al-Ǵuwejnî, mit dessen Worten, Iršâd 4b, die Aeusserungen Maim. auffallend übereinstimmen. Hier heisst es: واما الاصل الثالث وهو تبيين استحالة تعرى الجواهر عن الاعراض فالذي صار اليه اهل الحق ان الجوهر لا يخلو عن جنس من الاعراض وعن جميع اضداده ان كانت له اضداد وان كان له ضد واحد لم يخل الجوهر من احد الضدين . . . ومنع البصريون من المعتزلة العرو عن الالوان وجوزوا العرو عما عداها وقال الكعبي ومتبعوه يجوز الخلو عن الالوان ويمتنع الخلو عن الالوان وكل مخالف لنا يوافق على امتناع العرو عن الاعراض Ueber die hier erwähnten Ansichten der Mu'taziliten von Basra und Bagdâd s. oben S. 8, A. 3.— [6]) Für diesen Punct ist von Interesse die Stelle Masâ'il 123a. مسئلة في ان الموت ليس بمعنى ذهب ابو القسم الى ان الموت ليس معنى وابو هاشم ربما توقف في اثبات الموت وربما قوى نفيه والصحيح عندنا ان ننفي الموت. Das. مسئلة في ان الموت ان كان معنى فانه لا يجوز ان يكون ضدا للحيوة • ذهب ابو القسم الى ان الموت معنى يضاد الحيوة وابو هاشم حين اثبت الموت معنى قال انه لا يضادها • فالذي يدل على ان الموت ان كان معنى لا يجوز ان يضاد الحيوة في الحقيقة انه لو كان ضدا لعاد الى ان يكون مثله الخ Das. 124a. مسئلة في ان

Farbe, des Geschmackes, der Ruhe und Bewegung, des Zusammenhanges und der Auflösung. Findet sich auf einer Substanz das Accidens des Lebens, so müssen sich auch Accidenzen anderer Art an ihr finden, wie diejenige des Wissens und der Unwissenheit[1]), der Wille oder sein Gegentheil[2]), die Macht oder die Schwäche[3]), die Erkenntniss oder eines ihrer Gegensätze, überhaupt alle Accidenzen, welche einem lebendem Wesen zukommen können, oder ihre Gegensätze.

Der Hauptsache nach besagt die fünfte Prämisse, dass die Accidenzen, die den Atomen nothwendigerweise zukommen, einem jeden einzelnen Atom anhaften müssen, so dass ein Accidens nicht nur die Eigenschaft des ganzen Körpers, sondern auch dasjenige eines jeden Atomes ist. Die weisse Farbe ist das Accidens eines jeden Schneeatomes, die Bewegung findet nicht nur auf der äusseren Fläche des sich bewegenden Körpers statt[4]), sondern auch bei den Atomen im Inneren des Körpers. Das Leben, die Empfindung, die Vernunft, das Wissen sind Accidenzen derselben Art[5]).

Die dogmatische Bedeutung dieser Prämissen zeigt sich in der Folgenden, nach welcher kein Accidens während zweier Zeiteinheiten existiren kann, woraus dann folgt, dass die Accidenzen, also mit ihnen auch die Atome in einem jeden Augenblick von Neuem geschaffen werden müssen. Maim. erläutert dies an einzelnen Beispielen, die wir aber hier übergehen können. — Die Anschauung ist schon von al-Nazzâm ausgesprochen worden[6]) und fand sogar die Billigung Ibn Ḥazms. Bei Abû Rašid al-Nisâbûri begegnen wir den Meinungsverschiedenheiten der Mu'taziliten in Betreff dieses Punctes. Der Bagdâder Al-Chajjâṭ und Abû Ḥafṣ al-Ḳarmisini sind der Ansicht, dass keine Substanz aus irgend einer Ursache, ausser dem Willen Gottes, fortbestehen kann, während Abû-l-Ḳâsim al-Ka'bi solches wohl für möglich hält[7]). Ausser dieser Frage wurde auch die, ob die Accidenzen von sich selbst

الموت هل يجوز ان يوجد في الجزء المنفرد • الذي يقتضي كلام ابي القسم ان الموت لا يجوز ان يوجد الا مع بنية وتحمية والصحيح خلاف لانه ان دون معنى فلا يمتنع الى اكثر من محله في وجوده •
Die Anschauung also, welche Maim. wiedergiebt, ist die der Bagdâder Mu'taziliten, von denen sie wohl durch die Aš'ariten herübergenommen wurde.

[1]) Masâ'il 175a. مسألة في ان الحي منا يجوز ان يخلو من العلم واضداده

[2]) Das. 204a. مسئلة في ان احدنا يجوز ان يخلو من الارادة وضدها

[3]) Das. 137b. مسئلة في ان الحي منا يجوز ان يخلو من القدرة والعجز

[4]) Masâ'il 87b. Damit hängt wohl zusammen die Frage: مسئلة في ان الجسم انما تحرك تحرك بجملته وظاهره • ذهب شيوخنا الى ان الجسم انما تحرك تحرك ظاهره وباطنه وقال شيخنا ابو القسم فيما حكي فيه اصحابه ان المتحرك من الحجر انما هو صفيحته العليا دون غيره والذي يدل على صحة ما ذهب شيوخنا وجوه احدها ان كل جزء من ذلك لا بد من ان يحصل في محاذات غير المحاذاة التي كان فيها من قبل فيجب ان يكون حال باطن الجسم كحال ظاهره في التحرك.

[5]) Auch dies ist nur die Ansicht der Aš'ariten, während nach den Mu'taziliten das Leben und das Wissen nur dem ganzen Wesen, aber nicht jedem einzelnen Atom zukommen. S. Maf. IV 74.

[6]) Milal II Bl. 185b. قال ابو محمد وذكر عن النظام انه قال ان الله تع يخلق كل ما خلق في كل وقت دون ان يعدمه وانكر هذا القول بعض اهل الكلام قال ابو محمد وقول النظام هذا قول صحيح البتة.

[7]) Masâ'il 29b. مسئلة في ان الجوهر لا يجوز ان يكون باقيا لعلة • لا خلاف بين شيوخنا في ان الجسم لا يجوز ان يكون باقيا ببقاء وقد قال بذلك شيخنا ابو الحسين الخياط وقال بان الجوهر يعدم بان يتعلق كون القديم تعالى قادرا اعدامه وقال ابو حفص القرميسيني الباقي

fortbestehen können, von den Mu'taziliten behandelt. Sie wurde von manchen Bagdâder Mu'taziliten in dem Sinne entschieden, dass ein Fortbestehen der Accidenzen von sich selbst nicht stattfinde und zwar geschah dies aus dem Grunde, weil dies ihre Lehre von der Willensfreiheit erforderte[1]). Es hat jedoch unter den Mu'taziliten in Betreff einzelner Accidenzen Meinungsverschiedenheiten gegeben. So haben es manche Bagdâder Mu't. es für möglich gehalten, dass ein Accidens das entgegengesetzte erzeuge, woraus dann gefolgert wurde, dass z. B. die schwarze Farbe eine entgegengesetzte hervorbringe, andere wieder meinten, dass es möglich sei, dass die schwarze Farbe eine ähnliche erzeuge[2]). Die Basrenser leugneten es überhaupt, dass eine Farbe eine andere hervorbringen könnte, was der von Maim. erwähnten Ansicht von der Schöpfung aller Accidenzen und also auch der Farben entspricht. Maim. hat aber wohl nicht die Ansicht der Basrenser, sondern die der Aš'ariten vor Augen gehabt, die, wie aus den Quellen hervorgeht[3]), mit seiner Mittheilung übereinstimmt.

Gegen den Schluss des Absatzes wird von Maim. auf die Ansicht der Aš'ariten von der

لا يكون يبقى ببقاء وذهب مذهب المحسنين في افناء الجواهر وقال ابو القسم ان الجوهر يكون
يبقى ببقاء علة والذي يدل على صحة ما يذهب اليه وجوه احدها ان الباقي ليس له بكونه صفة
زائدة على وجوده وانما يفيد استمرار الوجود واستمرار الصفة لا يجوز ان يكون صفة زائدة عليها كما
ان استمرار العدم لا يكون صفة زائدة على العدم.

1) Masâ'il 85b. ذهب شيخنا ابو هاشم الى ان الاكوان كلها يجوز عليها البقاء وعن (l. وكذا)
حكينا من قبل عن ابي القسم ان الاعراض كلها لا يجوز عليها البقاء وما شيخنا ابو علي وابنه كان
يذهب الى ان الحركات لا يجوز عليها البقاء ويقول فيما يفعله القادر بحركة من السكون المباشر ان
البقاء لا يجوز عليه انما كان القادر غير ممنوع من اضداده وامثاله فان حدث حدوثه حدوث العجز
عن امثاله واضداده او حدوث المنع جاز ان يبقى ويجوز البقاء على السكون المتولد من فعلنا ويجوز
البقاء على ما يفعله الله تع من السكون. Mit dieser Frage hängt zusammen die Untersuchung Masâ'il 102b.
ذهب ابو القسم الى ان الحركة لا تولد حركة اخرى وكذلك يولد السكون وذهب الى ان السكون
يجوز ان يولد السكون وعند شيخنا ابي هاشم لا يجوز ان تتولد الحركة الا عن الاعتماد وكذلك
السكون لا يتولد الا عن الاعتماد.

2) Masâ'il 56a. ذهب البغداديون الى ان السواد يجوز ان يولد مثله ومنهم من جوز ان
يولد الشي ضده فيلزمه تجويز ان يولد السواد ضده وعند مشائخنا لا يجوز ذلك.

3) Al-Gazâlî, Tahâfut, S. 23. „Die dritte Partei bilden die Aš'ariten, indem sie sagen: Was die Accidenzen betrifft, so hören diese von **sich** selbst auf zu existiren und ihr Fortbestehen ist undenkbar, denn wenn ihr Fortbestehen denkbar wäre, so wäre ihr Aufhören bei dieser ihrer Natur undenkbar, die Substanzen aber bestehen nicht für sich, sondern durch ein Fortbestehen, das zu ihrer Existenz hinzukommt, wenn also Gott ihr Fortbestehen nicht wieder schafft, hören sie auf zu sein, weil ihr Fortbestehen nicht mehr existirt. . . . Eine vierte Partei bildet ein anderer Theil der Aš'ariten, indem er behauptet, die Accidenzen hörten von sich selbst auf zu existiren, was aber die Substanzen betrifft, so hören diese dadurch auf zu existiren, dass Gott in ihnen weder Bewegung, noch Ruhe, noch aber Zusammensetzung und Auflösung schafft, es ist aber unmöglich, dass ein Körper fortbestehe, der weder im Zustande der Ruhe, noch in dem der Bewegung sich befindet, und daher muss er aufhören, zu existiren." Muhassal, Bl. 36b.
مسئلة اتفقت الاشاعرة على امتناع بقاء العرض لان البقاء صفة فلو بقي العرض لزم قيام العرض بالعرض
ولانه لو وجب بقاء العرض لامتنع عدمه بعد البقاء لا يجوز ان يكون واجبا والا لانقلب الشي من
الامكان الذاتي الى الامتناع الذاتي الخ.

Schöpfung aller menschlichen Werke durch Gott[1] hingewiesen, wie auch auf die Ansicht vom Verdienste (كسب) und auf die Lehren der Mu'taziliten von der Willensfreiheit.

Als eine von den meisten Mûtakallimûn angenommene Anschauung erwähnt Maim. dass die privativen Accidenzen in Wirklichkeit existirende Dinge sind. Darnach ist der Tod nicht die Privation des Lebens, die Ruhe nicht die Abwesenheit der Bewegung, sondern dies sind in Wirklichkeit existirende Accidenzen, die von Gott in einem jeden Augenblick von Neuem geschaffen werden müssen[2]. Nur manche Mu'taziliten nehmen von gewissen Privationen an, dass diese nicht in Wirklichkeit existirende Dinge seien. So ist die Schwäche nur der Mangel an Macht und die Unwissenheit Mangel an Erkenntniss[3].

Nach der achten Prämisse sind alle Formen Accidenzen, die Substanz aber ist bei allen Wesen die nämliche. Aus den Annahmen der Mutakallimûn, dass die Accidenzen nur einen Zeitmoment existiren können, folgt die Prämisse, nach welcher ein Accidens nicht der Träger eines anderen Accidens sein kann[4].

Die zehnte Prämisse betrachtet Maim. als die „Säule der Wissenschaft des Kalâms". Dies ist die Anschauung der Mutak. von der Bedeutung der Phantasie für die Erkenntniss. In der That ist

¹) Milal 191 a. Irśâd 40 a. Al-Nasafî, Bahr al-kalâm 44 v. Al-Îgî, 105. Muḥaṣṣal S. 109. القول زعم القاضى ابو بكر الباقلانى ان ذات الفعل واقعة بقدرة الله تع وكونه طاعة كالصلوة ومعصية كالزنى صفات تقع بقدرة العبد وزعم الاستاذ ابو اسحاق ان ذات الفعل تقع بمجموع القدرتين اعنى قدرة الله وقدرة العبد وزعم امام الحرمين ان الله تع يوجد للعبد القدرة والارادة ثم تلك القدرة والارادة توجبان وجود المقدور وهذا هو قول الفلاسفة ومن المعتزلة قول ابى الحسين البصرى الخ.

²) Vgl. auch More III Cap. 10. Milal II 189 b. الكلام فى المعدوم اهو شى ام لا ، قال ابو محمد واختلف الناس فى المعدوم اهو شى ام لا فقال اهل السنة وطوائف من المرجئة والاشعرية وغيرهم ليس هو شيا وبه يقول هشام بن عمرو الفوطى احد شيوخ المعتزلة وقال سائر المعتزلة المعدوم شى وقال عبد الرحمن بن محمد بن عثمن الخياط احد شيوخ المعتزلة ان المعدوم جسم فى حال عدمه الا انه ليس متحركا ولا ساكنا ولا مخلوقا ولا محدثا فى حال عدمه. Muḥaṣṣal 533. تفصيل قول الفلاسفة والمعتزلة فى المعدومات زعم ابو يعقوب الشحام وابو على الجبائى وابنه ابو هاشم وابو الحسين الخياط وابو القسم البلخى وابو عبد الله البصرى وابو اسحاق بن عياش والقاضى عبد الجبار وتلامذته ان المعدومات الممكنة قبل دخولها فى الوجود ذوات واعيان وحقائق وان تاثير الفاعل ليس فى جعلها ذوات بل فى جعل تلك الذوات موجودة ... واما الفلاسفة فقد اتفقوا على ان الممكنات ماهيتها غير وجوداتها. Vgl. auch das. 539. Nihâjat 46 a. والشحام من المعتزلة احدث القول بان المعدوم شى وذات وعين واثبت له خصائص التعلقات الوجودية مثل قيام العرض بالجوهر وكونه عرضا ولونا وكونه سوادا وبياضا وتبعه على ذلك اكثر المعتزلة غير انهم يثبتون قيام العرض بالجوهر ولا التحيز (التحيز) للجوهر ولا قبوله للعرض وخالفه جماعة فمنهم من يطلق اسم الشيئية فحسب ومنهم من امتنع عن هذا الاطلاق ايضا مثل ابى الهذيل وابى الحسين البصرى ومنهم من قال الشى هو القديم واما الحادث فيسمى شيئا بالمجاز والتوسع. Maf. II 561. V, 30. 704. VII, 119.

³) Masâ'il 183 b. مسئلة فى ان العجز ليس بمعنى ، ذهب ابو القسم الى ان العجز هو الزمانة والمرض ثم ان القدرة هى الصحة والعافية وذهب ابو على الى ان العجز معنى يضاد القدرة. Muḥaṣṣal S. 390. مسئلة ، عند اصحابنا العجز صفة وجودية وهو شكل العدم وانيه كان يذهب ابو هاشم.

⁴) Muḥaṣṣal S. 370. مسئلة ، اتفق المتكلمون على امتناع قيام العرض بالعرض خلافا للفلاسفة..

diese Anschauung der Mutakallimûn für ihr System von ausserordentlicher Wichtigkeit. Es gibt nach ihnen kein Naturgesetz, keine wesentliche Eigenschaften der Dinge. Die Welt ist, wie sie in einem jeden Augenblick von Gott von Neuem erschaffen wird, der die Atome mit ihren Accidenzen jeden Augenblick wieder ins Dasein ruft. Daher ist auch alles möglich, was die Phantasie sich vorstellen kann, wenn es aber in der Wirklichkeit kein der Vorstellung entsprechendes Object gibt, so beweist dies nicht die Unmöglichkeit derselben, denn es gibt kein Naturgesetz, sondern nur Regelmässigkeiten, die in einem jeden Augenblick sich ändern können. Es ist natürlich, dass Maim. diese Lehre, die auch von Averroës bekämpft wird[1]), und gegen die er sich schon in den Acht Capiteln ausgesprochen hat, ausführlicher zu widerlegen sucht.

Die letzten zwei Prämissen betreffen die Unmöglichkeit des „regressus in infinitum" und die Unzuverlässigkeit der Sinneswahrnehmungen[2]).

Die Beweise für die Schöpfung der Welt.

Auf die vorgeführten Voraussetzungen bauten die Mutakallimûn ihre Lehre von der Schöpfung der Welt, von der Einheit und Unkörperlichkeit Gottes. Alle Beweise, welche Maim. im Namen der Mutakallimûn für die Schöpfung der Welt anführt, können wir im mohammedanischen Kalâmwerken nachweisen, und man gewinnt den Eindruck, dass die Darstellung Maimûnis wegen ihrer Verständlichkeit und Uebersichtlichkeit auch fürderhin als eine classische gelten darf, die von einer viel tieferen Kenntniss der Kalâmliteratur zeugt, als z. B. die des Averroës war.

Maim. berichtet, dass manche Mutakallimûn aus den Veränderungen, welche ein lebendes Wesen von seiner Entstehung bis zu seiner Auflösung durchmacht, auf einen Schöpfer schliessen, der diese Veränderungen bewirkt hat, mit der Schöpfung Eines Wesen ist aber auch die Schöpfung der Welt erwiesen. Der Beweis, der von al-Šarastâni im Namen eines Aš'ariten[3]) mitgetheilt wird, stimmt mit demjenigen bei Maim. beinahe wörtlich überein.

---

[1]) S. die Bemerkungen Schemtob Ibn Falaquera's מורה המורה S. 58. Guide I S. 401.

[2]) S. oben S. 6. Freilich konnten die Mutakallimûn hierin sich auf die Ansichten griechischer Philosophen stützen, deren Ansichten sie immer mehr beschäftigten, wie dies auch folgende Stelle bei Fachr al-dîn Râzî, Muḥaṣṣal S. 692 zeigt. زعم افلاطون وارسطاطاليس وبطلاميوس وجالينوس ان اليقينيات هي المعقولات لا المحسوسات واحتجوا عليه بان علم الحس اما ان يعتبر في الجزئيات او في الكليات اما في الجزئيات فغير مقبول لان حكمه في معرض الغلط وانما كان كذلك لم يكن مجرد حكمه مقبولا بيان الاول من خمسة اوجه احدها ان البصر قد يدرك الصغير كبيرا كما ترى النار البعيدة في الظلمة عظيمة . . وقد نرى الاشياء الكثيرة واحدة كالرحى اذا اخرجنا من مركزها الى محيطها خطوطا كثيرة متفرقة بألوان مختلفة فاذا استدارت سريعا رايناها لونا واحدا كأنه ممتزج من كل تلك الالوان ' Im Folgenden werden noch viele andere Sinnestäuschungen als Beweise dafür angeführt, dass die Sinneswahrnehmungen keine verlässliche Quelle der Erkenntniss sind.

[3]) Nihâjat 5a. وربما سلك ابو الحسن طريقا في اثبات حدوث الانسان وتكونه من نطفة امشاج وتقلبه في اطوار الخلقة واكوار الفطرة وليس يشك في انه ما غير ذاته فلا بدل صفته ولا الالوان والطبيعة فيعين احتياجه الى صانع قديم قادر عالم قال وما ثبت من الاحكام لشخص واحد او لجسم واحد ثبت في الكل لاشتراك الكل في الجسمية . Abû-l-Hasan ist nicht al-Aš'arî, sondern irgend einer der älteren aš'aritischen Šejche, von denen mehrere den Namen geführt haben. Wahrscheinlich ist es al-Bâhilî. Zur Sache vgl. Al-Îgî S. 1 Z. 2 v. u.

Ein anderer Beweis besteht darin, dass aus dem Entstehen eines Wesens auf die Schöpfung der Welt geschlossen wird, weil die Ursachen seiner Entstehung keine unendliche Reihe bilden können [1]).

Der dritte Beweis ist von den Zuständen der Zusammensetzung und Auflösung, in denen sich die Substanzen befinden, hergenommen, dem wir schon bei Mu'taziliten begegnet sind [2]) und der auch bei den Aš'ariten anzutreffen ist [3]).

Ein sehr oft dargestellter Beweis war derjenige, der von Maim. an vierter Stelle angeführt wird, nach welchem aus dem Geschaffensein der Accidenzen, und aus der Unmöglichkeit dessen, dass Substanzen ohne Accidenzen existiren können, auf das Geschaffensein sowohl der Substanzen, als auch der Accidenzen geschlossen wird [4]).

Der folgende Beweis wird von al-Šarastâni dem Imâm al-Ḥaramejn zugeschrieben und führt den Namen طريق التخصيص, da er von den specifischen Eigenschaften der Körper hergenommen ist. Die specifischen Eigenschaften der Körper, also meinen die Mutakallimûn, zeigen nur eine von mehreren Möglichkeiten, so dass wir gezwungen sind die Existenz einer Macht anzunehmen, welche von den verschiedenen möglichen Eigenschaften, eben diese den Körpern verliehen hat [5]).

Das sechste Beweis lautet folgendermassen: Nachdem der Weltall nicht nothwendig, sondern nur der Möglichkeit nach existirend ist, so müsste zu einer gewissen Zeit die Existenz, wie die Nichtexistenz der Welt gleich möglich sein. Da sie nun ins Dasein getreten ist, so musste es eine Macht geben, welche von den zwei Möglichkeiten derjenigen der Existenz das Uebergewicht verliehen hat (ترجيح). Diesem Beweise begegnen wir im Kalâmwerke des Šarastâni [6]), der aber nicht bemerkt, von wem dieser herrührt. Vielleicht ist er selbst der Urheber desselben.

[1]) Iršâd 6b. والاصل الرابع يشتمل على ايضاح استحالة حوادث لا اول لها والاعتناء بهذا الركن حتم فمن اثبت الغرض منه يزعزع جملة مذاهب الملحدة.

[2]) S. oben S. 28.

[3]) Nihâjat 4b. واما الثاني فقد سلك الشيخ ابو الحسن طريق الابطال فقال لو قدرنا قدم الجواهر لم يخلو من احد امور اما ان تكون مجتمعة او متفرقة او لا مجتمعة ولا متفرقة او مجتمعة متفرقة معا او بعضها مجتمعة وبعضها متفرقة وبالجملة ليست تخلوا من الاجتماع والافتراق لو جاز طريان الاجتماع والافتراق وتبدل احدهما بالثاني وهي بذواتها لا تجتمع ولا تفترق لان حكم الذات لا يتبدل وهي قد تبدلت فاذا لا بد من جامع.

[4]) Nihâjat 4b. اما الاول (يعني اثبات حدوث العالم) فقد سلك عامتهم طريق الاثبات بثبوت الاعراض اولا واثبات حدوثها ثانيا وبيان استحالة خلو الجواهر عنها ثالثا وبيان استحالة حوادث لا اول لها رابعا وقد اوردنا هذه الطريقة في كتبهم احسن ايراد.

[5]) Nihâjat 6a. واعتمد امام الحرمين طريقة اخرى فقال الارض محفوفة عند خصومه بالماء والماء بالهواء والهواء بالنار بالافلاك وهي اجسام متحيزة شاغلة جوا وحيزا وبالاضطرار نعلم ان فرض هذه الاجسام متيامنة عن مقرها ومتياسرة او اكبر مما وجدت شكلا وعظما او اصغر من ذلك ليس من المستحيلات وكل مختص بوجه من وجوه الجواز دون سائر الوجوه مع استواء الجائزات وتماثل الممكنات احتاج الى مخصص بضرورة العقل. S. auch al-Îjî S. 2.

[6]) Nihâjat 83b. برهان اخر اوضح مما قد سبق وهو ان كل حادث يحتاج الى محدث من حيث انه كان في نفسه وباعتبار ذاته جائز الوجود والعدم فلما ترجح جانب الوجود على العدم احتاج الى مرجح [84a] بالضرورة . . . وهذا قاطع لا اعتراض عليه. Wir sehen, dass al-Šar. diesen Beweis

Von einem siebenten Beweise berichtet Maimonides: „Einer von den Neueren meinte, er könne die Schöpfung der Welt mittelst dessen beweisen, was die Philosophen von der Unsterblichkeit der Seele lehren." Dieser sagte nämlich, dass wenn die Welt ewig wäre, so müsste die Anzahl der Seelen wie die der Menschen, die geboren werden und sterben, unendlich sein, da nun alle zur selben Zeit existiren müssen. Maim. äussert sein Befremden darüber, dass damit eine dunkle Frage mittelst einer noch dunkleren gelöst werden soll, und fügt hinzu: „Wenn aber die Absicht jenes Mutakallims war, einen Einwarf gegen seinen Gegner zu erheben, der an die Ewigkeit der Welt glaubt, trotzdem er die Unsterblichkeit der Seele annimmt, so würde dieser Einwurf richtig sein, wenn der Gegner die Unsterblichkeit der Seele sich ebenso vorstellen würde, wie der Urheber des Einwurfes. Aber die späteren Philosophen lösen diesen Zweifel, indem sie sagen, dass die unsterblichen Seelen keine Körper seien, dass sie eines Raumes und einer Lage bedürften, was ihre Unendlichkeit allerdings unmöglich machen würde." Die separaten Intellecte aber, meint Maim. sind weder Körper, noch Kräfte in Körpern, daher ist bei ihnen auch keine Vielheit denkbar, ausgenommen, wenn der eine Intellect die Ursache des anderen wäre, was aber nicht der Fall ist. Sie bilden daher alle eine Einheit, wie dies von Abu Bekr Ibn al-Ṣâ'iġ und von anderen, die von diesen tiefen Problemen gesprochen haben, ausgeführt wurde. — Der spätere Mutakallim, den Maim. hier im Auge hat, scheint al-Ġazâli zu sein, der gegen die Philosophen, welche die Ewigkeit der Welt behaupten, und Gott als die erste Ursache betrachten, weil sie eine unendliche Reihe von Ursachen nicht annehmen wollen, die Einwendung erhebt, dass sobald sie etwas Unendliches annehmen, sie auch eine unendliche Reihe von Ursachen annehmen können. Unendlich muss aber nach den Philosophen die Zahl der unsterblichen Seelen sein. Es muss aber bemerkt werden, dass al-Ġazâli auch des Einwandes, welchem wir bei Maimûni begegnen, Erwähnung thut und ihn in seiner Weise zu widerlegen sucht[1]). Die Frage von der Einheit der separaten Intellecte wurde von Abu Bekr Ibn Bâġa in einem besonderen Schriftchen (fi-l-ittiṣâl) behandelt, welches auf uns gekommen ist[2]).

für sehr klar und für unwiderleglich hält, was auch den Bemerkungen des Maim. entspricht, dass der Urheber dieses Beweises diesen für den besten hielt. Wenn er nicht von al-Ġaz. ist, so ist es wohl möglich, dass dieser die Lobeserhebungen sammt dem Beweis einem älteren Kalâmwerke entlehnt hat. — Maim. wird sich wohl eben aus dem Grunde mit der Widerlegung dieses Beweises beschäftigt haben, weil er unter den Mutakallimûn als unwiderlegbar galt. Vgl. auch Tahâfut al-falâsifa S. 35.

¹) Tahâfut al-falâsifa S. 34.

²) Nach Ibn Bâġa cod. Wetzst. I 87, Fol. 172b ff. giebt es drei Stufen, welche die Menschenseele nach Massgabe der Erkenntniss, welcher sie theilhaftig wurde, einnehmen kann. Bl. 177b. وهي لذلك له الرتبة الثالثة اشبه
عن لذلك الشمس بعينها بل لم يكن له في الاجسام الهيولانية شبيه لان من في تلك الرتبتين انما
وجد له شبيه هيولاني بنه هيولاني بوجه ما واما هذا فغير هيولاني بوجه فتجلي ان لا يوجد في
الهيولانية شبيه نسبت اليه نسبة الاشياء الهيولانية الى تينك المرتبتين وهذا فهو واحد من كل جهة
وغير بل ولا نفسد ويبلا وحده يكون المتقدم والمتاخر في الزمان واحدا بتعدد فهو الوجوه التي تسبق
الى بادى الراى فانها لو امكنت ان يكون المتقدم غير المتاخر فلا يكون فرمس وارسطو واحدا بل
اثنين متجاورين وهذا تبين انما تحتبر ايسر تدبر ؛ فقد بان بهذا القول على اى جهة قيل في المتاخر
انه يكون والمتقدم واحدا بتعدد وان تلك الوجه الممل في التوحد من جميع اصناف التوحد المشهورة
التي يتغلب في بادى الراى وزال الارتياب الذي يوجد اثر تلك الاقاويل فيه ونحن من قد حدثنه في هذا القول؛
Die von Ibn Falaquera S. 65 aus einer Schrift des בן בכר (l. אבו) angeführte Stelle findet sich in der Risâlat al-ittiṣâl des Ibn Bâġa, Bl. 174b derselben Hs. die ich hierhersetze: فان كان هذا عقل واحد بتعدد فالاشخاص
الذين لهم مثل هذا العقل كلهم واحد بتعدد كما لو اخذت حجر مغنيطس ولففته بشيء فيحرك لذلك

Die Beweise für die Einheit Gottes.

An erster Stelle wird von Maim. der Beweis von den gegenseitigen Hinderung angeführt, dem wir schon bei Sa'adja begegnet sind[1]).

Den zweiten Beweis betrachtet Maimonides als einen philosophischen, wenn nur seine Prämissen klargestellt sind. In der That wird er auch von Fachr al-Din Râzi[2]) als der stärkste bezeichnet, bei dem er folgende Form hat: Wenn wir zwei an sich nothwendigexistirende Wesen voraussetzen, so ist doch mindestens die Existenz etwas Beiden Gemeinsames, sie müssen sich aber auch in irgend einem Puncte unterscheiden, woraus dann folgt, dass ein jedes Einzelne zusammengesetzt ist aus dem, was Beiden gemeinsam ist, und aus dem, worin sie sich von einander unterscheiden. Alles Zusammengesetzte bedarf seines Theiles, der Theil ist aber nicht mit dem Ganzen identisch, woraus dann folgt, dass ein jedes Zusammengesetzte eines anderen bedarf, also seinem Wesen nach nur möglicherxistirend ist. Wir haben aber vorausgesetzt, dass ein Gott nothwendigexistirend sei und so kämen wir durch die Annahme von der Existenz zweier Götter zum Schlusse, dass das Nothwendigexistirende der Möglichkeit nach existirend sei. — Diese Darstellung ist zwar viel ausführlicher, als die des Maimonides, aber die letztere wird auch von Schemtob b. Josef so ausgelegt, dass es ausser allem Zweifel steht, dass es sich um denselben Beweis handelt[3]), wenn er auch bei Fachr al-Din Râzi stark durch peripatetische Anschauungen modificirt erscheint.

Den Anschauungen, welche Maimûni in dem dritten Beweise berührt, sind wir schon bei Ibn Ezra begegnet, wie sich denn auch der vierte Beweis schon bei den älteren jüd. Schriftstellern findet[4]).

Der fünfte Beweis wird von Maim. einem der späteren Mutakallimûn zugeschrieben, Spuren desselben lassen sich jedoch schon bei Sa'adja nachweisen.

Die Beweise für die Unkörperlichkeit Gottes.

Bei den aš'aritischen Mutakallimûn nach al-Gazâli können wir die Wahrnehmung machen, dass sie immer mehr philosophische Anschauungen in ihr dogmatisches System aufnehmen. Auffallend ist dies in den Werken Fachr al-Din Râzis[5]). Von einer solchen Entlehnung spricht Maim. am Anfange des 76. Capitels. Durch seine Bemerkungen erfahren wir, dass gewisse Mutakallimûn einen Beweis der Philosophen für die Unkörperlichkeit Gottes angenommen haben, trotzdem derselbe von al-Gazâli angegriffen worden ist[6]). Nach diesem Beweise ist die Körperlichkeit Gottes deshalb unannehmbar,

التحديد او حديدا اخر ثم لففته برفق فتحرك التحديد تلك الحركة ثم لففته بجسم اخر تكون تلك
الاجسام المتحركة كلها واحد بتعدد كتحال في رين السفينة كذلك هذا الا انه لا يمكن في الاجسام
ان يكون واحدا منه في اجسام واحدة معه في وقت واحد كما يمكن للمكن في المعقولات.

S. auch Guide I S. 438.

[1]) S. oben S. 11. Der Beweis steht auch bei al-Šarastâni, Nihâjat 25b an erster Stelle. Fachr al-Din Râzi giebt Maf. VI S. 183 eine Darstellung von einer ganzen Reihe von Beweisen für die Einheit Gottes, in welcher wir dem طريق التمنع ebenfalls begegnen.

[2]) Das. S. 185. Der Text scheint corrupt zu sein.

[3]) Ueber die Geschichte des Beweises s. Kaufmann, die Theologie des Bachja Ibn Pakuda, S. 57.

[4]) S. Kaufmann, a. a. O., S. 56, A. 2. Bei Fachr al-Din Râzi das. ist dies der fünfte Beweis, während der vierte dem fünften des Maim. entspricht.

[5]) Wie weit dieser sich von der alten Orthodoxie entfernt hat, zeigt seine Aeusserung über das Kitâb al-tauḥid des Ibn Chuzejma (st. i. J. d. H. 311), von welchem er Maf. VII 392 meint, es wäre in Wahrheit ein Kitâb al-širk. Das Werk findet sich in der kön. Bibliothek zu Berlin, Ahlwardt, Nr. 2294 und zeigt die Unbeholfenheit der voraš'aritischen Orthodoxie in seiner ganzen Grösse.

[6]) Tahâfut al-falâsifa S. 50.

weil ein jeder Körper aus Stoff und Form zusammengesetzt ist. Maim. hält diesen Beweis für einen philosophischen, dessen Richtigkeit zu erweisen er sich anheischig macht.

Von den Beweisen der Mutakallimûn werden von ihm drei angeführt. Der erste derselben stützt sich auf die Annahme von den Atomen. Wenn nämlich, meinen die Mutakallimûn, Gott ein Körper wäre, so wäre er aus Atomen zusammengesetzt, da doch ein jeder Körper aus Atomen besteht. Nun müsste aber entweder ein einziges Atom sämmtliche göttlichen Eigenschaften besitzen und dann wären ausser dem einen Atom alle anderen überflüssig, oder die göttlichen Eigenschaften müssten einem jeden einzelnen Atom zukommen, dann würde es aber viele Götter geben, dessen Unmöglichkeit aber schon erwiesen ist.

Der zweite Beweis beruht auf der Anschauung, dass seine Aehnlichkeit zwischen Gott und den geschaffenen Dingen unmöglich ist. Wer aber die Körperlichkeit Gottes annimmt, der muss auch eine Aehnlichkeit mit den Geschöpfen annehmen [1]).

Nach dem dritten Beweise ist die Körperlichkeit Gottes deshalb abzuweisen, weil wenn Gott ein Körper wäre, so würde daraus seine Endlichkeit und Bestimmtheit in Betreff des Masses und der Form folgen, und dies muss dahin führen, dass wir die Existenz einer Macht annehmen, welche diese Bestimmtheit bewirkt hat [2]). — Alle drei Beweise werden von Maimonides verworfen.

Von den sonstigen Anschauungen der muhammedanischen Dogmatiker [3]) werden von Maim. noch diejenigen über die gerechte Weltregierung Gottes berührt [4]). Unter den fünf Ansichten in Betreff dieses Gegenstandes werden auch die der Mu'taziliten und Aš'arijja erwähnt. Die Ansicht der Aš'ariten ist, dass nichts dem Zufall anheimgegeben ist und dass ohne den Willen Gottes kein Blatt vom Baume fällt. Alles ist durch den Willen Gottes vorherbestimmt, die Geschehnisse in der Natur, wie alle Thaten der Menschen [5]). Gott hat die Gebote und Verbote geoffenbart, weil dies sein Wille war, die Menschen erfüllen sie oder lehnen sich auf gegen dieselben, wie dies von Gott bestimmt wird [6]), er führt die Menschen ins Paradies oder verdammt sie zur Hölle nicht nach ihren Verdiensten, sondern nach seinem Willen, für welchen die Forderungen der Gerechtigkeit nichts bedeuten und für den keine Zwecke massgebend sind.

Maim. giebt hier die mit vielleicht beispielloser Consequenz durchgeführten Anschauungen der Aš'ariten wieder, nach denen der Mensch überhaupt kein sittliches Urtheil besitzt. An sich, meinen

¹) Zu diesen Beweisen überhaupt vgl. den Jeziracommentar des Jehuda ben Barsilai, ed. Halberstamm S. 16. Al-Igî, S. 17. Ueber die Anschauung, dass Gott ein Körper, aber nicht wie andere Körper sei, s. Goldziher, Die Zâhiriten S. 143. Ausführlich wird sie auch von al-Ǵuwejnî, Iršâd 10a, erörtert.

²) Nihâjat 80a. فنقول التقدير بالاشكال والصور والتغير بالحوادث والتخصيص دليل الحدوث فلو كان الباري تع متقدرا متصورا بصورة متناهية بحد ونهاية مختصا بجهة متغيرا بصفة حادثة في ذاته لكان محدثا اذ العقل بصريحه يقتضي ان الاقدار في تجويز العقل متساوية فما من قدر وشكل يقدر العقل الا ويجوز ان يكون مخصوصا بقدر اخر واختصاصها بقدر معين وتميزه بجهة متناهية ومسافة تستدعي مخصصا .

³) Manche Anspielungen auf Ansichten der Mutakallimûn s. Munk, Guide I, S. 168f., Kaufmann, Attr. S. 376. 379. 397.

⁴) More III, Cap. 17.

⁵) Milal I 191a. Iršâd 40a. باب القول في خلق الاعمال . اتفق سلف الامة قبل ظهور البدع والاهواء واضطراب الاراء على ان الخالق المبدع رب العالمين ولا خالق سواه ولا مبدع الا هو وهذا مذهب اهل الحق فالحوادث كلها حدثت بقدرة الله تع ولا فرق بين ما تعلقت قدرة العبد به وبين ما انفرد الرب تع بالاقتدار عليه الخ. Al-Nasafî, 44b. Al-Igî 105. Maf. II 85, 151, 307, IV 74, V 246.

⁶) Iršâd 45b.

diese, kann nichts als gut oder schlecht betrachtet werden[1]), gut ist nur das, dessen Erfüllung im Buche Allâh's oder in der Sunna des Propheten gefordert wird, schlecht ist nur die Auflehnung gegen den geoffenbarten Willen Allâh's. Darum kann man auch nicht von einer Gerechtigkeit Gottes sprechen, denn es giebt kein Maass, nach welchem seine Thaten beurtheilt werden könnten. Es giebt auch keinen Zweck, den er durch sein Wirken hätte erreichen wollen und es giebt auch keine Ursache, die sein Wirken bestimmen würde[2]).

Die von Maim. in diesem Capitel erwähnten Ansichten der Mu'taziliten hatten wir schon Gelegenheit aus den Quellen zu belegen. Auch ihre Grundanschauung, nach welcher überall die vergeltende Gerechtigkeit Gottes walten muss, so dass auch die Thiere auch für die erlittenen Schmerzen im Jenseits entschädigt werden sollen, wird von Maimonides nicht gebilligt. Eine solche Anschauung von der Gerechtigkeit Gottes scheint ihm zu weit zu gehen[3]). Es ist hier nicht unsere Aufgabe die Ansichten des Maim. zu behandeln, aber wir wollen eine höchst characteristische Aeusserung hervorheben. Maimonides sagt: „Die Annahme von der Willensfreiheit des Menschen ist ein Grundsatz, in Betreff dessen wir nie gehört haben, dass Jemand von unserer Gemeinschaft oder von den Anhängern unserer Religion an seiner Wahrheit gezweifelt hätte". Die Ansicht des Maimonides entspricht geschichtlichen Thatsachen. Die Lehre von der Willensfreiheit war im Judenthume ein Postulat des Bewusstseins der Verantwortlichkeit, welches unter dem Einfluss der Lehren der Propheten immer ein lebhaftes war. Keiner wagte an dieser Lehre zu rütteln, bis Chasdai Kreskas, wohl unter dem Einflusse al-Ġazâlî's, sie angezweifelt hat und dessen Anschauungen auf diejenigen Spinoza's eingewirkt haben. Dass Maim. die Lehre von der Willensfreiheit so scharf betont, ist um so höher anzuschlagen, weil er inmitten einer fatalistisch gesinnten Gesellschaft lebte. —

Ausser den Ausführungen des Maimonides im „Führer" gibt es noch einzelne Stellen in seinen übrigen Schriften, die den Kalâm berühren. In seinem „Sendschreiben über die Auferstehung"[4]) spricht er sich abfällig aus über eine Schrift des Samuel b. Alî aus Bagdâd, weil er Ansichten der Mutakallimûn für philosophische ausgab und das „Risâlat al-ma'âd" des Ibn Sinâ als ein philosophisches Werk betrachtete[5]).

Die Capitel, welche Maimûni im „Führer" der Darstellung des Kalâms widmet, sind für dessen

---

[1]) Iršâd 56a. فصل • العقل لا يدل على حسن الشي ولا قبحه في حكم التكليف وانما يتلقى التحسين والتقبيح من موارد الشرع وموجب السمع واصل القول في ذلك ان الشي لا يحسن لنفسه وجنسه [لا]صفة نفسية لازمة له وكذلك القول فيما يقبح الخ. Nihâjat 126a. لا التحسين والتقبيح وبيان ان لا يجب على الله شي من قبل العقل ولا يجب على العبد شي قبل ورود السمع مذهب اهل الحق ان العقل لا يدل على حسن الشي وقبحه في حكم التكليف من الله شرعا الخ. Al-Îğî 135. Maf. III S. 34. Die mu'tazilitischen Anschauungen über diese Frage finden wir Maǵmû' 119a ff. Muḥt. 67b ff.

[2]) Darauf kommt Maim., More III, Cap. 25, wieder zu sprechen. — Nihâjat 185b. مذهب اهل الحق ان الله تع خلق العالم بما فيه من الجواهر والاعراض واصناف الخلق والانواع لا لعلة حاملة له على الفعل سواء قدرت تلك العلة علة نافعة له او غير نافعة اذ ليس يقبل النفع والضر او قدرت تلك العلة نافعة للخلق اذ ليس تبعثه على الفعل بعث فلا غرض له في افعاله ولا باعث ولا حامل ولا سبب بل علة كل شي صنعته ولا علة لصنعته Mufaṣṣal S. 91. اقول لا يجوز ان يكون افعال الله تع واحكامه معللة بعلة اصلا والبتة خلاف للمعتزلة فانهم اتفقوا على ان افعال الله تع واحكامه معللة برعاية مصالح العباد. Maf. V 313, 504. Al-Îğî S. 155.

[3]) Ueber die Ansicht des המדברים بعض الـ über die Schmerzen der Thiere s. Kaufmann, Attributenlehre S. 503.

[4]) Kobez 9a.

[5]) Ueber die Stelle s. Steinschneider, Alfârâbî S. 85.

Einfluss im Judenthume verhängnissvoll geworden. Kein rabbanitischer Denker gönnte nunmehr dem Kalâm Einfluss auf sein religiöses Denken. Maim. hat sogar die Eintheilung der Gebote in Offenbarungs- und Vernunftgebote, trotzdem diese durch eine talmudische Aeusserung gestützt werden konnte, nachdem er die letztere umdeutete, aufgehoben und machte den Versuch, sämmtliche Gebote als Vernunftgebote darzustellen. In welchem Masse er den Kalâm im Judenthume discreditirt hat, zeigen die Bemerkungen Samuel Ibn Tibbons über die Mutakallimûn und über ihre verschiedenen Schulen. Nur die Karäer sind vielen Anschauungen ihrer mu'tazilitischen Lehrer treu geblieben.

Ahron b. Josef und Ahron b. Elia.

Dem Einfluss des Maimonides haben sich auch die Karäer nicht entziehen können und so finden wir, dass ihre religionsphilosophischen Anschauungen von den Ideen der Aristoteliker immer mehr durchsetzt werden. Sie haben sich zwar von dem Einflusse des Kalâms nie in dem Masse befreien können, wie die Rabbaniten, denn wie es scheint, waren sie durch ihre alten karäischen Vorgänger gebunden, aber das Beispiel der Rabbaniten und besonders Maimonides wirkte in dem Masse auf sie ein, dass das Werk des bedeutendsten religionsphilosophischen Schriftstellers der Karäer, der „Lebensbaum" Ahron b. Elia's, ein seltsames Gemisch von Kalâm und aristotelischer Philosophie zeigt. Dieser Einfluss lässt sich aber schon früher bei Ahron ben Josef nachweisen. Im exegetischen Werke desselben[1]) finden sich nämlich einzelne philosophische Excurse, in denen er in erster Reihe den alten karäischen Lehrern Josef al-Basir und Jeschu'a ben Jehuda folgt. Auf diese ist zurückzuführen seine Bemerkung[2]), dass in vier Fällen das Wort der Schrift in uneigentlichem Sinne[3]) aufzufassen sei, wenn es nämlich der sinnlichen Wahrnehmung oder der Vernunft widerspricht, wenn es durch Beweise widerlegt wird oder wenn die Analogie dagegen spricht. Diese Fälle ergeben sich aus der Annahme der fünf Erkenntnissquellen: 1) die Sinne; 2) Schluss aus der sinnlichen Wahrnehmung; 3) die Beweisführung mittelst der Voraussetzungen der Vernunft; 4) Schluss aus der Kenntniss der Ursache; 5) Schluss mittelst der Analogie.

In Folge dieser Grundsätze hält er es für nothwendig, dass die anthropomorphistischen Aeusserungen der Schrift in uneigentlichem Sinne aufgefasst werden. Er erwähnt die Ansicht des Jeschu'a b. Jehuda[4]), der in der Erklärung des 2. Gebotes Vertreter ketzerischer Meinungen und unter diesen diejenigen anführt, welche die Wesensattribute mit den Causalattributen, — worunter wohl die Wirkungsattribute zu verstehen sind, — verwechseln. Mehreremal wird Josef al-Basir angeführt[5]), aber es finden sich bei ihm auch Aeusserungen, die auf eine Bekanntschaft mit den Ansichten nichtmu'tazilitischer Denker schliessen lassen. An einer Stelle spricht er von der Unerkennbarkeit Gottes[6]), von der Ansicht eines Schriftstellers, der die Annahme von Wesensattributen zurückgewiesen und hierbei entschuldigt er sich, dass er dies nicht deshalb gethan, damit er die Ansichten der alten karäischen Lehrer

[1]) ספר המבחר ed. Goslow.

[2]) Exodus Bl. 31 a.

[3]) [illegible] Gegens. von [illegible].

[4]) Das. 34 b.

[5]) Deut. 5 b wird die Antwort al-Basirs in Betreff eines Beweises für die Einheit Gottes angeführt, die sich in seinem [illegible] cod. Warn. Fol. 187 b findet, Exod. 36 b das Capitel des Muht., welches von der Sichtbarkeit Gottes handelt, und das. 31 a die Ansicht al-Basirs vom Geschaffensein der Gottesstimme. Das Wort [illegible] entspricht hier dem arab. [illegible] — Substrat.

[6]) Exod. 34 a. [illegible] Der Spruch findet sich [illegible] Cap. 2.

widerlege[1]). Es wird von ihm sogar die Ansicht von der Einheit des Intellects mit dem Intelligenten und dem Intelligibeln erwähnt.

Welchen Einfluss Maimonides auf den bedeutendsten religionsphilosophischen Schriftsteller des späteren Karäerthums ausgeübt hat, ist schon von Steinschneider erwiesen worden. Im Folgenden wollen wir nur erweisen, dass das zweite Hauptelement seiner Anschauungen im mu'tazilitischen Kalâm der alten karäischen Lehrer zu suchen ist, so dass sein Werk eine Combination von Ansichten mu'tazilitischer und peripatetischer Herkunft zeigt.

A. b. E. meint[2]), der mu'tazilitische Kalâm sei jüdischen Ursprunges. Er sei von den Christen den Juden des zweiten Tempels entlehnt worden, von den Christen ist dann seine Kenntniss zu den Muhammedanern gedrungen. Nachher haben die Karäer und manche Rabbaniten sich den Ansichten der Mu'taziliten angeschlossen, was nicht zufällig geschehen ist, sondern weil sie sahen, dass diese mit den Lehren ihrer Religion übereinstimmen und der „Weisheit Israels" entlehnt seien. Später haben die Rabbaniten diese Ansichten aufgegeben und sich den ketzerischen Lehren der Philosophen zugeneigt. Auf die letzteren wendet A. b. E. den Vers Ps. 139,21 an. Schon aus diesen einleitenden Bemerkungen können wir ersehen, dass bei Ahron b. Elia der Einfluss des mu'tazilitischen Kalâms überwiegen muss. In der That hat er die Werke Jefet ha-Lêwi's, Jeschu'a ben Jehuda's, besonders aber diejenigen Josef al-Basirs, und von diesen den Muḥtawi fi 'ilm al'-usûl stark benutzt. Es würde uns zu vielen Wiederholungen führen, wenn wir die Anschauungen, welche A. b. E. dem Hauptwerke des Josef al-Basir entlehnt hat, darstellen würden, wir beschränken uns daher darauf, die Stellen zu bezeichnen[3]), wo er es anführt oder stillschweigend excerpirt hat und wollen über muhammedanische Autoren, die nach Josef al-Basir von A. b. E. angeführt werden, Einiges bemerken.

Von diesen Autoren beansprucht vor Allem unsere Aufmerksamkeit Ibn Kullâb. Ahron ben Elia giebt an, die Partei der Kullâbija habe angenommen, dass die Attribute Gottes von seinem Wesen verschieden seien und deshalb wurden diese von Josef al-Basir nicht Attribute (תארים), sondern Eigenschaften (ענינים) genannt. Die Angabe hat A. b. E. dem Hauptwerke Josef al-Basirs entlehnt[5]). Genauere Bemerkungen über Ibn Kullâb und seine Lehren, die von älteren Mu'taziliten häufig bestritten worden zu sein scheinen, finden wir bei einzelnen muhammedanischen Schriftstellern. Einige derselben hat Tâǵ al-Dîn Ibn al-Subki[6]) zusammengestellt. Sein Name Ibn Kullâb soll nach seiner Angabe daher stammen, weil er bei Disputationen sich ausserordentlich schlagfertig zeigte, so dass er den Gegner in Stücke zerriss, wie die Hunde einen Gegenstand zerreissen. Ibn al-Naǵǵâr erzählte nach dem Berichte Ibn al-Subkî's, Ibn Kullâb werde im Fihrist erwähnt[7]) und zu den Vertretern des Ḥašwijja gerechnet. Er hatte nach demselben Bericht mit 'Abbâd b. Sulejmân Disputationen, bei welchen er von 'Abbâd wegen seiner Behauptung von der Identität des Gotteswortes mit Gott als Christ bezeichnet wurde. Ibn al-Naǵǵâr theilte auch eine lange Erzählung mit, nach welcher Ibn Kullâb mit al-Ǵunejd (st. 297) eine Unterredung gehabt hätte. Diese Angaben wurden von al-Ḏahabi in seinen Scholien zum Werke Ibn al-Naǵǵârs bezweifelt. Er meint, Ibn Kullâb kann unmöglich mit al-Ǵunejd verkehrt haben, da er zur Zeit des Ahmed Ibn Ḥanbal (st. 246) gelebt habe. Die Ansicht al-Ḏahabis wird von Ibn al-

[1]) Die Stelle wird Ez Chajim S. 89 angeführt.

[2]) Ez Ch. S. 4.

[3]) Das Kitâb al-Muḥt erscheint benutzt: S. 13 Z. 8. Muḥt. 1b S. 14 Z. 25. [illegible] ד HS. Leiden Nr. 41 Bl. 4a [illegible] S. 79. Muḥt. 44b. S. 81. Muḥt. 14a, 14b 16b, 22b. S. 83. Muḥt. 25b. S. 93. Muḥt. 56a ff. S. 100. Muḥt. 60b, 78a ff. S. 105. Muḥt. 67b. S. 115. Muḥt. 98a ff. S. 116. Muḥt. 108a ff. S. 118. Muḥt. 47a ff. S. 121—122. Muḥt. 94a. 92a. S. 131a ([illegible]). Muḥt. 95b, 96a. S. 132. Muḥt. 96a. b. S. 135. Muḥt. 87b, 88a. S. 165. Muḥt. 40a. S. 160 (das zweite Citat). Muḥt. 53a unten. S. 204. Muḥt. 142b, 143.

[4]) Bei J. al-B. heissen sie: احوال; Zustände.

[5]) Muḥt. 45a.

[6]) Al-Tabakât al-kubrâ I 237.

[7]) S. Fihrist I. S. 180.

Subki gebilligt. Er soll nach ihm einige Jahre nach 240 gestorben sein, und jedenfalls sei er zur Ahl al-sunna zu rechnen. Was Ibn Isḥâḳ al-Nadim im Fihrist zu seinem Nachtheile erzählt, ist darauf zurückzuführen, dass er es mit den Mu'taziliten hielt, zu denen auch der Gegner Ibn Kullâbs 'Abbâd b. Sulejmân gehörte.

Einer ausführlichen Widerlegung der Lehre Ibn Kullâbs begegnen wir im Kalâmwerke des Ibn Mattawejhi[1]), welche die Angaben Josef al-Baṣirs und diejenigen A. b. E. über die Ansichten Ibn Kullâbs bestätigt. Die Widerlegung bezieht sich auf die Ansicht, dass das Wort ein Wesensattribut Gottes sei, dass Gott sich durch ein ewiges Wort offenbare. Es geht aber auch aus den Bemerkungen Ibn Mattawejhi's hervor, dass auch andere Dogmatiker Aehnliches behaupteten, wie denn in der That z. B. al-Aš'ari eine derjenigen Ibn Kullâbs ähnliche Ansicht hatte.

A. b. E. berichtet auch über die merkwürdige Secte des פ'לשבי[2]), die er wohl nur aus dem Eschkôl ha-kôfer des Juda Hadassi gekannt haben wird[3]). Dieser berichtet, dass die Anhänger dieser Secte ein jedes beliebige Geschöpf anbeten, das ihnen einen jeden Tag bei ihrem Erwachen in die Augen fällt. Sie beobachten kein Gesetz, und der Mörder wird nur damit bestraft, dass er zum Sclaven gemacht wird. Sie glauben weder an das jenseitige Leben, noch an die Auferstehung. Diese Secte habe Anhänger in einem Lande hinter Aethiopien. Von ähnlichen Anschauungen einer Secte berichtet auch al-Gazâli[4]), nach dem die Tartaren in der Nähe des Landes von Gômer (wohl von: Gôg) und Mâgôg ein jedes schöne Geschöpf, sei es ein Mensch, ein Baum, oder ein Thier, anbeten. In diesen späten Berichten scheint sich die Nachricht von heidnischen Anschauungen erhalten zu haben, die, wenn man 'Abd al-Ḳâhir al-Bagdâdi trauen darf, auch in der muhammedanischen Welt Anhänger hatten. Dieser erzählt[5]), es gebe eine Secte, die nach ihrem Stifter Abû Ḥulmân al-Dimašḳi Ḥulmânijja genannt wird, welche sich zur Lehre der Incarnation bekennt. Abu Ḥulmân war persischen Ursprunges, ist in Aleppo aufgewachsen und hat seine Ketzerei in Damascus zum Vorscheine

[1]) Magmû' 168b. باب على الكلابية وغيرهم ؛ اعلم ان اثبات المتكلم متكلما على وجه ينقض حقيقة هذا الوصف نحو نبطل (?) وقد بينا ان حقيقته لكونه انه فعل الكلام فاذا لم يكن عنده كذلك لم يرجع بهذا الى الاثر مما ذكرناه فنقول بانه متكلم لنفسه او بكلام قديم نقض لذلك لان في القول بانه للنفس رفع للكلام اصلا وفي القول بان كلامه قديم اثبات له غير فعل ولا يصح واحد من هذين فبطل القولان جميعا فاما من اثبت كلاما قديما فانا نكلمه بما نكلمهم به في باب الصفات بان وجوب كون نحو الكلام مثلا لله تع من حيث اشتركا في القدم ويعد فنقول بان الصفة للنفس فرع على ثبوتها لان اضافة الصفة الى وجه الاستحقاق من دون ثبوتها اصلا محال ؛

[2]) S. 109.

[3]) Alfab. 97.

[4]) מאזני צדק bei Dukes, נחל קדומים S. XI.

[5]) Farḳ 99a. واما الحلمانية من الحلولية فهم المنسوبون الى ابى حلمان الدمشقى وكان اصله من فارس ومنشاه حلب واظهر بدعته بدمشق فنسب لذلك اليها وكان كفره من وجهين احدهما انه كان يقول بحلول الاله فى الاشخاص الحسنة وكان مع اصحابه اذا راوا صورة حسنة سجدوا لها يوهمون ان الاله قد حل فيها والوجه الثانى من كفره قوله بالاباحة ودعواه ان من عرف الاله على الوصف الذى يعتقده هو زال عنه الحظر والتحريم واستباح كل ما يستلذه ويشتهيه قال عبد القاهر رايت بعض هولاء الحلمانية يستدل على جواز حلول الاله فى الاجساد بقول الله تع للملائكة فى ادم فاذا سويته ونفخت فيه من روحى فقعوا له ساجدين وكان يزعم ان الاله انما امر الملائكة بالسجود لادم لانه قد حل فى ادم وانما حله لانه خلقه فى احسن تقويم الخ.

gebracht. Seine Ketzerei bestand darin, dass er die schönen Individuen einer jeden Art als die Incarnation der Gottheit betrachtet hat, so dass wenn er und seine Genossen ein Geschöpf von schöner Form sahen, bückten sie sich vor ihm, ferner hatte er die Ansicht, dass wenn Jemand nach seiner Weise Gott erkannt hat, so sei ihm Alles erlaubt. — Die Hulmânijja scheinen also einer pantheistischen Doctrin gehuldigt zu haben, die auch im Islâm in manchen Fällen zum Libertinismus geführt hat. Es ist auch zu bemerken, dass die Darstellung al-Bagdâdis dadurch an Glaubwürdigkeit gewinnt, dass nach ihm Abû Ḥalmân ein Perser war, denn einem solchen ist der Dienst der Creatur sehr wohl zuzutrauen. Al-Bagdâdî erzählt auch, er habe mit einem Anhänger der Ḥulmânijja eine Unterredung gehabt, der für seine Ansichten sogar Korânverse ins Treffen zu führen gewusst hat, und dass er ihm die Unsinnigkeit seiner Ansichten nachzuweisen gesucht habe. — Ich vermuthe, dieser al-Ḥulmânî sei mit dem לימני bei Juda Hadassi und Ahron ben Elia identisch[1]). Die frommen Ḳâḍî's werden gewiss gründlich dafür gesorgt haben, dass die libertinistischen Anschauungen verschwinden und daraus wird es wohl zu erklären sein, dass nach den späteren Berichten die Ḥulmânijja nur weit, irgendwo hinter Aethiopien oder im hohen Norden, dicht an der Grenze des Jâǵûǵ und Mâǵûǵ zu finden seien.

Schluss.

Immer mehr schwinden nach Maimonides die Spuren des Kalâms aus der jüdischen Literatur. Die Juden in den christlichen Ländern sind auf die hebräischen Uebersetzungen arabischer Werke angewiesen und solche sind in Folge des Urtheils des Maimonides nur von den Philosophen angefertigt worden. Wer hätte es auch für der Mühe werth gehalten, sich nach den Werken der „Medabberim“, wie sie in der hebräischen Literatur nunmehr hiessen, umzusehen, oder sie gar zu übersetzen[2]). Eine Ausnahme bilden manche Schriften al-Ġazâlî's, was er aber nur den Maḳâṣid zu verdanken hat. Aber auch in den Ländern des Islâms kümmerte man sich nicht mehr um den Kalâm. In Jemen, wo die Autorität des Maimonides schon in seinem Leben eine ausserordentliche war, geht alles den Weg, welchen der „Führer“ gewiesen hat. Abû Manṣûr al-Ḍamârî, der Verfasser des homiletischen Werkes[3]) „Nûr al-ẓulm“ lässt in einem Dialoge den Mutakallim und den Philosophen ihre Ansichten aussprechen[4]). Es handelt sich im Dialog hauptsächlich um den Vorwurf des Maimonides, den er den Mutakallimûn machte, dass sie in ihrer Beweisführung ohne Rücksicht auf die Natur der Dinge nur ihrer Phantasie folgen und um den Beweis dessen, das der blinde Glaube, der nur der Autorität folgt, nicht genüge[5]). Natürlich siegt der Philosoph, der damit schliesst, dass es den Mutakallimûn genügt, was Maimûni am Schlusse des ersten Theiles vom „Führer“ ihnen gesagt hat. Der Mutakallim studirt dann bei dem „Forschenden“ Philosophie. — Die Bemerkungen Simon Dûrâns über den Kalâm gehen auf Maim. und Averroës zurück. Von diesem stammt die Verurtheilung des Kalâms[6]) obwohl er in der Begründung derselben von Maim. in merkwürdiger Weise abweicht[7]). Von Averroës stammt auch Einiges in der Polemik gegen den Islâm[8]).

[1]) לימני wäre dann aus חלמני oder חלמאני geworden.

[2]) Levi ben Gerson sagt מלחמות ה' ed. Leipzig, S. 132, [illegible]

[3]) Eine Bearbeitung des Werkes und Auszüge aus demselben hat der selige Al. Kohut geboten in Proceedings of the third biennial convention of the Jewish Theological Seminary Association, New-York 1892.

[4]) Das. Appendix, S. XXXV ff.

[5]) Vgl. Bachja's *Herzenspflichten*, Einleitung.

[6]) מגן אבות ed. Livorno 8a.

[7]) Das. [illegible]

[8]) קשת ומגן ed. Steinschneider S. 9. Hebr. Beil. zum Magazin für die Wiss. d. Judenthums 1881. Zu S. 18, wo Sure 24, 35 angeführt wird, vgl. Maf. VI, p. 398 ff. S. auch Kaufm. Attr. S. 209. Zu S. 24 في النجيه Al-Îǵî S. 12.

Bei manchen Schriftstellern des 15. Jahrhunderts wäre der Kalâm zwar wieder zu Ehren gekommen. Die Angriffe des Chasdai Kreskas auf die Aristoteliker und Culturverhältnisse, welche den Geist der Juden einzuengen begonnen haben, vielleicht auch die Kabbala haben das Vertrauen auf die Philosophie erschüttert. Daher kam es, dass Isak Abravanel¹) an den Ausführungen Maimûni's in Betreff des Kalâms keinen Gefallen mehr findet. Er meint, ihre Beweise für die Schöpfung der Welt seien gar nicht so schlecht, wie Maimûni es meint, wenn ein Beweis von ihnen allein auch nicht genügt, das Geschaffensein der Welt zu erweisen. Haben sich doch ihrer auch Sa'adja und Jehuda Halêwi bedient. Isaak Arama ist aufgebracht über den Unglauben der Philosophen, der in das Judenthum eingedrungen ist. Die jüdischen Philosophen hätten es mit ihren Ausgleichsversuchen viel schlimmer gemacht, als die Philosophen des Christenthums und Islâms²). Besonders die christlichen Philosophen hätten es gut gemacht, denn sie haben trotz ihrer Tüchtigkeit in dieser Wissenschaft von der Religion gar nichts geopfert, vielmehr suchten sie, die Philosophie zu wiederlegen. Auch die Secten der Ismaëliten, welche überall „Medabberim" genannt werden, haben es besser gemacht, nur die jüdischen Forscher haben der Philosophie eine allzugrosse Autorität eingeräumt. — Wir sehen, dass die Zeit, wo man Ketzer mit Hülfe der Inquisitionstribunale verfolgt, auch auf die religiöse Auffassung der Juden nicht ohne Einfluss geblieben ist.

Die Sympathie für den Kalâm war aber umsonst. Die Hauptquelle für die Kenntniss des Kalâms in Europa war doch der „Führer" und von einem lebendigen, tieferen Einfluss konnte nicht mehr die Rede sein.

¹) מפעלות אלהים ed. Venedig 1592, Bl. 58b. 61a.

²) חזות קשה Cap. VIII.

Anhang.

Zur Geschichte der Lehre von der Seelenwanderung.

Die muhammedanischen Schriftsteller der ersten Jahrhunderte des Islâms sind mit der Lehre von der Seelenwanderung einerseits durch den Verkehr mit Indien[1]), andererseits durch das Studium der griechischen Philosophen bekannt geworden[2]). Den heidnischen Arabern und Muhammed war sie gewiss unbekannt und es war nur folgerichtig, wenn sie vom grössten Theile der muhammedanischen Welt abgewiesen wurde und wenn die rechtgläubigen Muslime ihren Anhängern gegenüber sich auf das „Iğmâ" der Gläubigen beriefen. —

Wir werden es natürlich finden, dass bei weitem der grösste Theil der Anhänger dieser Lehre persischer Abstammung war und und dass sie besonders unter den Anschauungen šî'itischer Secten anzutreffen ist. Sie hat aber auch unter den Mu'taziliten Vertreter gehabt. Diese Thatsache lässt sich daraus erklären, dass das Denken der Mu'taziliten vom Gedanken der gerechten Weltregierung Gottes derart beherrscht wurde, dass sie einen jeden Gedanken, der das Problem zu lösen schien, mit Freuden aufgegriffen haben. Wegen der Rolle, welche die Lehre von der Seelenwanderung bei den Šî'iten und bei einigen Mu'taziliten spielt, beschäftigen sich alle Schriften über muhammedanische Sectengeschichte und alle Kalâmwerke mit ihr, von deren Angaben wir einiges hier mittheilen wollen, da sie geeignet sind, auf manche Aeusserungen der in dieser Arbeit behandelten jüdischen Schriftsteller Licht zu werfen.

Ibn Ḥazm[3]) spricht von zwei Parteien unter den Anhängern der Seelenwanderung. Nach der einen kann die Seele, wenn sie den Körper verlässt, in einen anderen Körper kommen, welcher Art immer dieser sei. Die Seele des Menschen kann also in den Körper irgend eines Thieres gerathen. Die Wanderung

[1]) Ueber indische Anschauungen von der Seelenwanderung, welche den Muhammedanern bekannt geworden sind, s. al-Šar. Haarbrücker II, S. 362.

[2]) Vielleicht haben auch die Lehren gnostischer Secten dazu beigetragen, dass diese Anschauungen unter den Muhammedanern bekannt geworden sind. S. al-Šar. I, S. 297, wo von den Ansichten der Ḳejnawijja und Ṣijâmijja die Rede ist.

[3]) Milal I 38. الكلام على من قال بتناسخ الارواح ' قال ابو محمد افترق القائلون بتناسخ الارواح على فرقتين فذهبت طائفة الى ان الارواح تنتقل بعد مفارقتها الاجساد الى اجساد اخر وان لم يكن من نوع الاجساد التي فارقت وهذا قول احمد بن حائط واحمد ابن نانوس تلميذه وابى مسلم الخراسانى ومحمد بن زكريا الرازى الطبيب صرح بذلك فى كتابه الموسوم بالعلم الالاهى وهو قول القرامطة وقال الرازى فى بعض كتبه لولا انه لا سبيل الى تخليص الارواح عن الاجساد المتصورة بالصورة البهيمية الى الاجساد المتصورة بصور الانسان الا بالقتل والذبح لما جاز ذبح شئ من الحيوان البتة قال ابو محمد وهذه كلها دعاو وخرافات بلا دليل وذهب هؤلاء الى ان التناسخ انما هو على سبيل العقاب والثواب الخ.

der Seelen wird nur durch ihr früheres Verhalten bestimmt. Die Seelen der Bösewichter werden zu Teufeln, diejenigen der Sünder kemmen in die Körper von Menschen und Thieren, wo sie ihre Sünden abbüssen, die der vollkommen Gerechten kommen nach Aḥmed b. Ḥâ'iṭ ins Paradies, nach Anderen werden sie zu Engeln. Zu dieser Partei gehörten Aḥmed Ibn Ḥâ'iṭ, ein Schüler al-Naẓẓâm's, ferner der Schüler Ibn Ḥâ'iṭ's, Aḥmed b. Nânûs, der grosse Arzt, Muhammed Ibn Zakarijjâ al-Râzi, Abû Muslim al-Chorâsâni und die Karâmiṭa. Aḥmed b. Ḥâ'iṭ und Aḥmed b. Nânûs[1]) haben ihre Ansicht sogar in den Korân hineininterpretirt[2]). Auf die fremden Einflüsse bei al-Râzi hatten wir schon Gelegenheit hinzuweisen[3]). Wir wissen, dass er Pessimist war, es überrascht uns also nicht, dass er sich uns hier als Anhänger der Seelenwanderung zeigt[4]). Dass dies auf indische Einflüsse zurückzuführen ist, beweist seine Bemerkung, dass wenn das Tödten der Thiere nicht zur Folge hätte, dass ihr Geist aus dem thierischen Leib in einen menschlichen übergeht, so wäre das Schlachten der Thiere ungerechtfertigt.

Die zweite Partei unter den Anhängern der Seelenwanderung meint nach Ibn Ḥazm, dass die Seele nur in einen Körper kommen könne, welcher derselben Art ist, wie derjenige, den sie verlassen hat. Die Anschauung hatte unter den Muslimen keine Vertreter[5]). Ibn Ḥazm widerlegt beide Parteien, indem er bemerkt, dass ihre Ansichten durchaus unerwiesen seien, und gegenüber den muslimischen Anhängern der Seelenwanderung beruft er sich auf die „Uebereinstimmung der Gemeinschaft" der Gläubigen, welche diese Lehre als eine ketzerische betrachten.

Die Ausführungen Ibn Ḥazms werden von al-Bagdâdi in sehr bemerkenswerther Weise ergänzt[6]). Dieser spricht erst von den Anhängern der Seelenwanderung, welche vor dem Islâm aufgetreten sind. Vor dem Islâm sind es nach ihm manche Philosophen und die Samanijja, welche sich zu ihr bekennen. Er erwähnt, dass Plutarch diese Lehre im Namen mancher Philosophen mittheilt und dass Sokrates und Platon zu ihren Anhängern gehört haben sollen. Auch unter den Juden gibt es solche, von denen sie angenommen wird.

Von den Muslimen wird eine Reihe šî'itischer Secten erwähnt, welche angenommen haben, dass der Geist Gottes von dem einen Imâm zum anderen gewandert sei, bis er zum Stifter ihrer Secte gekommen ist. Die diesbezüglichen Angaben al-Bagdâdi's bieten aber nichts Neues, daher übergehen wir sie. Umso bemerkenswerther sind seine Mittheilungen über die ḳadaritischen Anhänger der Seelenwanderung[7]). Es handelt sich auch bei ihm in erster Reihe um die Ansichten des Aḥmed b. Ḥâ'iṭ

[1]) So ist wohl der Name zu lesen, der mit dem griechischen Νᾶνος identisch zu sein scheint. Ueber diesen s. Harkavy in Ha-Chôḳer II, 17.

[2]) Sure 82, V. 6–8.

[3]) Andere Berichte über al-Râzi s. oben, S. 9, A. 4.

[4]) Vgl. auch die Verse al-Râzi's bei Ibn Abî Uṣejbi'a, ed. Müller, I, S. 316. Der Vorstellung von der Seelenwanderung bedient sich auch Abû-l-'Alâ al-Ma'arrî, indem er sagt: „Wenn es wahr ist, dass es eine Seelenwanderung giebt, so bist du Moses, und dein Vater war der aufgeopferte Isak". Diwân Saḳṭ al-zend, ed. Kairo 1303, S. 64.

[5]) Milal. das. وزعمت الفرقة الثانية التي [اول] منعت من انتقال الارواح الى غير انواع اجسادها التي فارقتها وليس من هذه الفرقة احد يقول بشي من الشرائع بل هم من الدهرية.

[6]) Farḳ, 103 a ff.

[7]) Farḳ 104 a. وتفصيل قول هؤلاء في التناسخ ان احمد بن حائط زعم ان الله تع ابدع خلقه اصحاء سالمين في دار سوى الدنيا التي هم فيها اليوم واكمل عقولهم وخلق فيهم معرفته والعلم واسبغ عليهم نعمه وزعم ان الانسان المصور المنهي المنعم عليه هو الروح التي في الجسد وان الاجسام قوالب الارواح وزعم ان الروح هي الحي القادر العالم وان الحيوان كله جنس واحد وزعم ايضا ان جميع اجناس الحيوان محتمل التكليف ولذ قد توجه الامر والنهي عليهم على اختلاف صورهم ولغاتهم وقال ان الله تع لما كلفهم في الدار التي خلقهم فيها شكره على ما انعم به عليهم اطاعه بعضهم في بعض ما امرهم به وعصاه في بعض ما امرهم به فمن اطاعه بجميع ما امره به اقره في دار النعيم التي

und des Aḥmed b. Ejjûb b. Nânûs. Diese werden von ihm genauer angegeben, als bei allen anderen muhammedanischen Schriftstellern, weshalb wir sie hier wiedergeben. Aḥmed Ibn Ḥâ'iṭ war nach ihm der Ansicht, Gott habe alle Wesen ausserhalb der Welt, in welcher sie jetzt sind, in einem möglichst vollkommenen Zustande geschaffen, er verlieh ihnen auch Gotteserkenntniss und seine Wohlthaten ihnen gegenüber waren vollständig. Dasjenige aber, was von Gott die Wohlthaten empfangen hat, an das seine Gebote und Verbote ergingen, war der Geist, der lebendige, freie und erkennende Geist. Körper lebender Wesen dieser Welt sind aber die Hüllen der Geister, ob es nun Körper von Menschen oder Thieren sind. Daher müssen an sie alle die Gebote Gottes ergehen, woraus sich ergibt, dass es unter allen Arten der Thiere Propheten geben muss, welche den in ihnen wohnenden Geistern den Willen Gottes offenbaren. Wie sind aber die Geister unter ihre Hüllen gerathen? Als Gott in jener überweltlichen Welt alle Wesen geschaffen und ihnen befehlen hatte, dass sie ihm dankbar seien, gehorchten Manche, Andere aber waren widerspenstig. Diejenigen, welche allen seinen Geboten gehorchten, die liess er in der Welt, in welcher sie geschaffen wurden, die kein einziges Gebot erfüllt haben, liess er in die Hölle fahren, die aber in manchen Dingen gehorchten und in anderen widerspenstig waren, schickte er in diese Welt, wo sie unter der groben Hülle ihrer Körper von Uebeln, Leiden, Furcht, Lust und Schmerzen aller Art in der Gestalt von Menschen und Thieren nach Massgabe ihrer Sünden, die sie in der früheren Welt begangen, gepeinigt werden. Der Kreislauf der Seelen durch die menschlichen und thierischen Hüllen dauert aber fort, bis sie vollkommen gereinigt, wieder in die Welt der ewigen Glückseligkeit eingehen können. Eine merkwürdige Combination von Vorstellungen indischen und muslimischen Ursprunges. Die Anschauungen des Schülers, Aḥmed b. Nânûs zeigen einige Abweichungen[1]). Im Anfange hat Gott die Monaden geschaffen, von denen ein jedes lebend und mit Vernunft begabt war. Sie waren alle vollkommen gleich, denn keines konnte auf einen Vorzug Anspruch erheben. Da stellte es ihnen Gott anheim, ob sie sich einer

ابتداه فيه ومن عصاه في جميع ما امره به اخرجه من دار النعيم الى دار العذاب الدائم وهي النار ومن اطاعه في بعض ما امره به وعصاه في بعض ما امره به اخرجه الى الدنيا والبسه بعض هذه الاجسام التي هي القوالب الكثيفة وابتلاه بالبأساء والضراء والشدة والرخاء والملذات والالام في صور مختلفة من صور الناس والطيور والبهائم والسباع . . . ثم لا يزال من الله تع رسول الى كل نوع من الحيوان وتكليف للحيوان ابدا الى ان يتمحض عمل الحيوان طاعات فيرد الى دار النعيم الدائم وهي التي خلق فيه او يتمحض عمله معاصي فينقل الى النار الدائم عذابها. Ueber die Anschauung, dass unter انسان der Geist zu verstehen sei, s. oben, S. 18.

1) Fark 104b. وقال احمد بن بنوش (نانوس l.) ان الله تع خلق الخلق كله على دفعة واحدة وحكى عنه بعض اصحابه ان الله تع خلق اولا الاجزاء المفردة التي كل واحد منه جزء لا يتجزى وزعم ان تلك الاجزاء كانت احياء عقلاء وان الله تع قد سوى بينهم في جميع امورهم اذ لم يستحق احد منهم تفضيلا على غيره ولا كان من احد منهم جناية يوخر لاجلها عن غيره ثم انه خيرهم بين ان يمتحنهم بعد اسبغ النعمة عليهم بالطاعات ليستحقوا به الثواب عليه لان منزلة الاستحقاق اشرف من منزلة التفضل وبين ان يتركهم في تلك الدار تفضلا عليه بها فاختار بعضهم المحنة واباها بعضهم فمن اباها تركه في الدار الاولى على حاله فيه ومن اختار الامتحان عصاه بعضهم واطاعه بعضهم فمن عصاه حطه الى رتبة هي دون المنزلة التي خلقوا فيها ومن اطاعه رفعه الى رتبة اعلى من المنزلة التي خلق عليه ثم كررهم في الاشخاص والقوالب الى ان صار قوم منهم انسا واخرون صوروا بهائم او سبعا بذنوبهم ومن صار منهم الى البهيمية ارتفع عنه التكليف وكان يخالف ابن حائط في

Prüfung unterziehen und damit zu einer höheren Stufe sich erheben wollen, oder nicht. Die einen wollten in ihrem Zustande verharren, die anderen aber unterwarfen sich der Prüfung. Die ersteren verblieben in ihrer früheren Welt, von den letzteren aber haben viele die Prüfungen nicht bestanden und da brach das Unheil über die Geschöpfe herein. Die Monaden, welche den Willen Gottes nicht erfüllt haben, irren unter ihren Hüllen als Menschen und Thiere in dieser Welt umher, bis sie ihre Sünden abgebüsst haben, dann kehren sie in ihren früheren Zustand zurück, um, wenn sie wollen, einer neuen Prüfung unterworfen zu werden. Aḥmed b. Nânûs scheint sich in erster Reihe von der Ansicht seines Lehrers deshalb entfernt zu haben, weil er an der Vorstellung Anstoss genommen hat, dass den Geschöpfen ohne ihr Hinzuthun Gebote geoffenbart werden und also ihnen zum Ungehorsam, zur Sünde Anlass gegeben wurde. Eine andere Abweichung von den Anschauungen seines Lehrers bestand darin, dass er behauptete, dass es unter den Thieren keine Propheten gibt, denn für diese gibt es keine Gebote. — Durch diese Darstellung al-B. gewinnen wir ein viel klareres Bild von den Ansichten dieser zwei Mu'taziliten, als aus den Bemerkungen anderer muhammedanischer Schriftsteller, die zwar auf diese Ansichten häufig Rücksicht nehmen[1]), aber sie thun dies in einer Weise, dass sie abgeschmackter erscheinen, als sie in Wahrheit sind. — Unter den Anhängern der Seelenwanderung werden von al-Bagdâdî noch erwähnt Muhammed b. Aḥmed al-Kaḥṭabi[2]), Abd al-Kerîm b. Abi al-Augâ', der viertausend Traditionen erdichtet haben und Kryptomanichäer gewesen sein soll und die Secte der Chammârijja, welche neben verschiedenen mu'tazilitischen Ketzereien noch jene grösste gelehrt hat, dass der Wein nicht von Gott, sondern vom Menschen geschaffen wird, denn Gott schafft Nichts, was den Menschen zur Sünde verleitet[3]).

تكليف البهائم . . . وزعم ان من المكلفين من يعمل الطاعات حتى يستحق ان يكون نبيا او ملكا يفعل الله تع ذلك به . Ich habe الجزء المفرد mit „Monade" übersetzt, da dieses Wort die Vorstellung des Aḥmed b. Nânûs besser zu bezeichnen scheint, als „Atom".

[1]) Aḥmed b. Ḥâ'iṭ hat seine Ansicht, dass es unter den Thieren Propheten gebe, aus Sûre 6, 38, 35, 22 herzuleiten gesucht. Seine Ansicht wird besprochen Milal I 31b, 145b, al-Šar. Haarbrücker I 62. Maf. IV 57. Vielleicht spielt Maimonides auf eine Ansicht, wie die Aḥmed b. Ḥâ'iṭ's an, wenn er Dalâlat II 32 sagt: فلا يمكن لذلك عندك اعنى ان يتنبى احدهم الا كمكان ان يتنبى حمارا او ضفدعا Einige Bemerkungen über die Lehre von der Seelenwanderung finden sich Iršâd 60b. Nihâjat 135a. Muḥaṣṣal S. 38.

[2]) Fark 108b. ومنهم (يعنى من اصحاب التناسخ) محمد بن احمد القحطبى وكان فى زمان الجبائى وكان على مذهب الاعتزال وزاد على الاعتزال بدعته فى التناسخ وله كتاب فى اثبات التناسخ ومنهم ابو مسلم الحرانى ذكر القحطبى وافتخر بانه كان منهم فى التناسخ والاعتزال ومنهم عبد الكريم ابن ابى العوجاء . . . وكان وضع احاديث كثيرة باسانيد يغتربها من لا معرفة له بالجرح والتعديل وتلك الاحاديث التى وضعها كلها ضلالات فى التشبيه والتعطيل وفى بعضها تغيير احكام الشريعة . . . ورفع خبر هذا الضال الى ابى جعفر محمد بن سليمان عامل المنصور على الكوفة فامر بقتله فقال لئن قتلتمونى لقد وضعت اربعة آلاف حديث احللت بها الحرام وحرمت بها الحلال وفطرت الرافضة فى يوم من ايام صومهم وصومتهم فى يوم من ايام فطرهم

[3]) Das. 108b. هؤلاء قوم من معتزلة عسكر مكرم اختاروا من بدع اصناف القدرية ضلالات مخصوصة فاخذوا من ابن حائط قوله بتناسخ الارواح فى الاجساد والقوالب واخذوا من عباد بن سليمان الصيمرى قوله بان الذين مسخهم الله تع قردة وخنازير كانوا بعد المسخ ناسا . . . ثم زعموا بعد ذلك ان الخمر ليست من فعل الله تع وانما هى من فعل الخمار لان الله تع لا يفعل ما يكون سبب المعصية .

Die Lehre von der Seelenwanderung hat zur Zeit der Gaonen auch unter den Juden Anhänger gefunden, so dass Sa'adja sich genöthigt sah, ihnen gegenüber Stellung zu nehmen. So wie manche muhammedanische Schriftsteller die Anhänger dieser Lehre gar nicht als Muslime betrachten wollen, meint auch Sa'adja, dass die Aṣḥâb al-tanâsuch unter den Juden nur dem Namen nach, aber nicht in Wahrheit Juden seien[1]). Er spricht ebenfalls von solchen, die eine Wanderung der Seelen[2]) in den menschlichen Körpern angenommen haben und von solchen, nach denen die Seelen ebenso in die Körper von Thieren, wie in die von Menschen kommen können. Sie alle sind, meint Sa'adja durch irrige Erwägungen zu ihrer Ansicht geführt worden, die in vier Puncten zusammengefasst werden können. Zum Theil sind es Leute, die einer von jenen kosmogonischen Theorien huldigen, die wir schon widerlegt haben[3]). Auch glaubten sie zwischen manchen Eigenschaften von Menschen und zwischen denen gewisser Thiere eine Aehnlichkeit gefunden zu haben und daraus folgerten sie, dass in den betreffenden Menschen Seelen jener Thiere wohnen. So soll im sanftmüthigen Menschen die Seele eines Schafes, im bösen diejenige eines Raubthieres wohnen. Sie verkennen aber, dass die Substanz der Seele durch den Körper, in welchem sie wohnt, nicht verändert werden kann[4]). Auch suchen die Anhänger dieser Lehre sie durch den Gedanken der gerechten Weltregierung Gottes zu schützen[5]), endlich haben manche sie sogar in der heiligen Schrift wiederzufinden geglaubt[6]). — Es fällt dem Sa'adja nicht schwer, auch die Gründe, welche von der Gerechtigkeit Gottes und aus der Schrift hergenommen sind, zu widerlegen.

Aber nicht nur im rabbanitischen Judenthum, sondern auch bei den Karäern wurde gegen die Lehre von der Seelenwanderung angekämpft. Von Josef al-Basir wird ihr ein besonderes Capitel gewidmet[7]), welches davon zeugt, mit welchem Ernst die Frage von den Mu'taziliten behandelt wurde. Josef al-Basir meint, die Anhänger der Seelenwanderung wären durch die Annahme zu ihrer Ansicht geführt worden, dass die Leiden nur dann berechtigt sind, wenn das leidende Wesen sie verdient hat. Aus diesem Grunde nehmen sie an, dass der Geist des Rindvieh's einst in einem anderen Körper gesündigt und seine gegenwärtige Leiden verdient habe. Dagegen spricht aber, nach J. al-Basir, dass der Mensch gegenwärtig keine Ahnung davon hat, dass sein Geist einst in einem anderen Körper war und welche Sünden er damals begangen hat, und das ist doch unmöglich, dass er solches vergessen hätte,

1) Amânât S. 207. ممن يتسمون باليهودية Milal I 130a. قال ابو محمد وقد يسمى باسم الاسلام من اجمع جميع فرق اهل الاسلام على انه ليس مسلما مثل طوائف من الخوارج غلوا وطوائف كانوا من المعتزلة ثم غلوا فقالوا بتناسخ الارواح.

2) Jehuda Ibn Tibbon übersetzt انتقل mit העתקה. Der spätere Terminus ist גלגול. Im Arab. wird gewöhnlich der Terminus تناسخ gebraucht.

3) Sa'adja meint, die 2—5 Theorie, die er im ersten Capitel seines Werkes, Am. S. 41 ff. behandelt hat. Dass Dualisten der Lehre von der Seelenwanderung gehuldigt haben, sehen wir auch am Beispiele des Kaḥṭabî.

4) Ebenso sagt Ibn Ḥazm in der Widerlegung der Anhänger der Seelenwanderung Milal I 36b. ان الله تع خلق الانواع والاجناس ورتب الانواع تحت الاجناس وفصل كل نوع من النوع الاخر بفصله الخاص له الذي لا يشاركه فيه غيره وهذه الفصول المذكورة لانواع الحيوان انما هي لانفسها التي هي ارواحها فنفس الانسان حية ناطقة ونفس الحيوان حية غير ناطقة هذا هو طبيعة كل نفس وجوهرها الذي لا يمكن استحالته عنه فلا سبيل الى ان يصير غير الناطق ناطقا ولا الناطق غير ناطق ولو جاز هذا لبطلت المشاهدات وما اوجبه الحس وبديهة العقل.

5) Einwürfe, wie diejenigen des Sa'adja scheinen Aḥmed b. Nâṭiṭ zur Modificirung der Anschauungen seines Lehrers geführt zu haben.

6) S. Bacher, Die Bibelexegese der jüdischen Religionsphilosophen, S. 41. A. 4.

7) Muḥt. 90a.

ebenso wie es unmöglich ist, dass er daran vergesse, dass er einmal in einem Lande Fürst war. Ferner müssen wir bei der Wanderung der Seele einen Anfang annehmen, wo an sie das Gebot ergangen ist, durch dessen Missachtung sie die Strafe verdient, nun ist aber nicht einzusehen, warum wir nicht annehmen sollen, dass anfänglich die Leiden über die Wesen kommen, durch welche sie den Lohn verdienen. Denn wir sind der Ansicht, dass die Leiden aus zwei Gründen berechtigt sein können, erstens, wenn sie für die Zukunft nützen, zweitens, wenn sie verdient sind. So wie die Züchtigung des Kindes berechtigt ist, weil sie für seine Zukunft nützlich ist, wie wir die Mühseligkeiten einer Reise ertragen, weil sie uns Nutzen bringt, ebenso können wir mittelst eines Schlusses vom Sichtbaren auf das Unsichtbare annehmen, dass die Leiden der lebenden Wesen ihnen zum Nutzen sind und dass sie einst entschädigt werden.

Auch Jehuda Hadassi erwähnt die Lehre von der Seelenwanderung in seiner Aufzählung der Secten[1], nur scheinen seine Angaben nicht ganz genau zu sein. Er schreibt die Lehre dem ʿAbbâd Ḍejmarî und den Muġbîra zu. Aus seiner Widerlegung geht hervor, dass er hierbei das Kitâb al-muḥtawi benutzt hat[2]. Auch die Ansicht der Assassinen wird von ihm kurz dargelegt, die neben der Lehre von der Metampsychose auch dem Traducianismus gehuldigt haben[3].

In der jüdischen philosophischen Literatur, welche nicht vorwiegend unter dem Einflusse des Kalâms steht, wird diese Lehre entweder überhaupt nicht erwähnt, oder sie wird nur nebensächlich behandelt[4], erst durch die kabbalistische Literatur ist sie seit dem 13. Jahrhundert zu grösserer Bedeutung gelangt.

Im Islâm wird sie in der philosophischen Literatur häufig, wie es scheint, nur aus dem Grunde widerlegt, weil man ihr bei Plato und Aristoteles begegnet ist[5]. Glauben fand sie nur bei šîʿitischen Ketzern[6], wie die Ismâʿilijja. Sonst wurde sie überall verdammt, so dass sogar ein Mystiker, wie Muḥji al-Dîn Ibn ʿArabî sie als eine schlimme Ketzerei betrachtet[7].

[1] אשכל הכפר Alfab. 96.

[2] Das. [illegible] אל גוף [illegible]

[3] Das. [illegible] Von einer albigensischen Ketzerei heisst es bei Hahn, Geschichte der Ketzer im Mittelalter, I 67, Anm. 7: „Ponunt etiam quidam, in quo different a praedictis, spiritus, sive animas novas a Deo non creari; sed dicunt animam ex anima traduci, sicut caro ex carne traducitur". Die Vorstellung entspricht dem, was die Kabbalisten סוד העבור nennen.

[4] S. Schmiedel, Studien, S. 159 ff.

[5] Einige Bemerkungen über die Seelenwanderung finden sich bei al-Masʿûdî, Prairies d'or II, S. 209, IV S. 65. S. auch Al-Fârâbî's philosophische Abhandlungen, herausg. von Dieterici, S. 64, Z. 15. Ibn-Bâǵa in seinem „Abschiedsschreiben", [illegible], Heft II, S. 100. Tahâfut al-falâsifa S. 89.

[6] S. Al-Šar. II 71, 208.

[7] Al-Šaʿrâwî, Jawâḳîṭ II 173.

Inhalt.

	Seite
Einleitung	1
Sa'adja b. Josef al-Fajjûmi	5
David b. Merwân b. al-Mikmâs	22
Bachja Ibn Pakuda	25
Josef Ibn Zaddik	27
Jehuda Hadassi	33
Abraham Ibn Esra	35
Moses b. Maimon	42
Ahron b. Josef und Ahron b. Elia	57
Anhang: Zur Geschichte der Lehre von der Seelenwanderung	62

Verbesserungen.

S. 4. Z. 9 statt „diese“ l. „eine“. — Das. A. 4 Z. 7 statt غذه l. غذا. — Das. A. 7 Z. 8 st. قخذ l. لخذ. — Z. 4 st. يتنجز l. يتنجزى. — S. 5 A. 4 Z. 7 st. وخذ l. وخو. — S. 7 A. 2 st. 2 l. 20. — S. 17 A. 8 Z. 8 st. الكتيف l. الكثيف. — S. 18 A. 2 st. 2, 3 l. 203. — S. 20 A. 2 st. 20 l. 14. — S. 21 Z. 11 l. „aber der Nachweis“. — S. 25 A. Z. 1 st. عد l. دل. — Das. st. أم l. او. — S. 27 Z. 9 st. „eine“ l. „einer“. — S. 28 A. 3 Z. 2 statt المحسن والمنعم l. للمحسن وللمنعم. — Das. Z. 5 st. المنعم l. للمنعم. — S. 40. A. 6 Z. 10 l. „die Schrift“. — S. 44. Z. 24 st. „von den“ l. „die“. — S. 54 A. 5 Z. 4 st. „seiner“ l. „ihrer“. — S. 56 Z. 25 st. „das“ l. „die“. — Nachträglich muss ich noch bemerken, dass meine Abhandlung: „Zur Gesch. des Karäerthums“, auf welche in dieser Arbeit mehreremal hingewiesen wurde, unter den Abhandlungen des VIII. internationalen Orientalisten-Congresses, Sect. I Bd. I S. 79—117 erschienen ist.

Bericht

des

Curatoriums.

Die ordentliche **Generalversammlung** für das Jahr 1894 hat am 29. April stattgefunden. Nach Erstattung des Jahresberichtes und Ertheilung der Decharge sind in statutenmässiger Wahl für das Curatorium die nach dem Turnus ausscheidenden Mitglieder Rechtsanwalt Dr. Felix Landau, Geh. Commerzienrath Ludwig Max Goldberger und Geh. Sanitätsrath Dr. Kirstein wiedergewählt worden.

Am 15. September des Jahres 1894 ist der 70. Geburtstag des Herrn Prof. Dr. Lazarus — des Vorsitzenden des Curatoriums seit Beginn der Lehranstalt (Hochschule) für die Wissenschaft des Judenthums — gefeiert worden; am 13. Januar d. J. hat die hiesige jüdische Gemeinde die 25jährige Vorstandsmitgliedschaft des Herrn Justizrath Siegmund Meyer — derselbe hat von 1877—1883 auch unserem Curatorium angehört — gefeiert. Den beiden Herren Jubilaren ist Seitens der Lehranstalt für die Wissenschaft des Judenthums Dank und Glückwunsch dargebracht worden.

Ueber die **Einnahmen** und **Ausgaben** der Lehranstalt im Berichtsjahre 1894 wird in gewohnter Weise in den Anlagen C und D Rechenschaft gegeben. In gleicher Weise sei es uns gestattet, an dieser Stelle Denen zu danken, welche durch werkthätige Beweise ihrer Theilnahme die Lehranstalt im verflossenen Berichtsjahre gefördert und gestützt haben.

Dem **eisernen Fonds** sind zugeflossen:

1.	Von Herrn Consul Hans v. Bleichröder und Geschwistern am Sterbetag ihres Vaters des sel. Herrn Geh. Commerzienrath Gerson von Bleichröder.	Mk. 1000. —
2.	Von den Gebrüdern Mankiewicz zu Ehren des Andenkens an ihren Vater, den sel. Herrn Adolf Mankiewicz . . .	„ 300. —
3.	Von Frau Commerzienrath Israel und deren Söhnen, den Herren Hermann und Berthold Israel zur Erwerbung der immerwährenden Mitgliedschaft für ihren verstorbenen Gatten und Vater, den Herrn Commerzienrath J. Israel .	„ 1000. —
4.	Von Herrn Ernst Meyer zur Erwerbung der immerwährenden Mitgliedschaft für seine verstorbene Mutter, Frau Zerline Meyer	„ 600. —
5.	Ein Legat des verstorbenen Herrn Louis Liebermann .	„ 1000. —
6.	Von Frau Stadtrath Nanny Meyer	„ 1500. —
7.	Von Frau Dr. Friedericke Barrach geb. Lachmann anlässlich ihrer Vermählungsfeier . . .	„ 500. —
8.	Von Herrn M. Neufeld	„ 200. —
9.	Vom Israelit. Tempelverein im Hamburg (als V. Rate) .	„ 120. —

Für **laufende Ausgaben** sind eingegangen:

1.	Von Frau Commerzienrath Adolphine Simon	„ 300. —
2.	Von Herrn S. Waldo (zu Bibliothekszwecken) . . .	„ 200. —
3.	Von dem Vorstand der jüdischen Gemeinde hier	„ 3000. —

4.	Von Herrn Dr. Paul Meyer	Mk. 800. —
5.	Von Frau Johanna Levy geb. Salomon	„ 300. —
6.	Von Gebr. Ginsberg	„ 100. —
7.	Von Herrn Siegfried Brünn zu Propagandazwecken	„ 100. —
8.	Von Herrn J. Rotholz	„ 100. —
9.	Von Herrn Max Weiss	„ 100. —
10.	Von Herrn S. Waldo	„ 50. —

Der auf M. 5000 erhöhte Jahresbeitrag der hiesigen jüdischen Gemeinde, sowie die seit dem 1. Januar dieses Jahres dem eisernen Fonds gewidmeten Gaben von Frau Johanna Levy M. 1000, von Frau Flora Goldschmidt und deren Kindern M. 1000, von den Geschwistern v. Bleichröder M. 1000, von Herrn Adolph Ginsberg M. 1000 und von Herrn Leopold Jacoby M. 100 werden im nächsten Jahresberichte zur Verrechnung gelangen.

Die Zahl der **Hörer** hat betragen:

Im Sommersemester 1894: 26, und zwar 16 Deutsche und 10 Reichsausländer (6 aus Oesterreich-Ungarn, 4 aus dem russischen Reiche). Sämmtliche Hörer — In- wie Ausländer — waren Maturi.

Im Wintersemester 1894/95: 31, und zwar 18 Deutsche, 13 Reichsausländer (10 aus Oesterreich-Ungarn und 3 aus dem russischen Reiche). Sämmtliche Hörer, — In- wie Ausländer, — waren Maturi.

Der Lehranstalt gehören an seit dem Jahre: 1888, 3 Hörer; 1889, 4 Hörer; 1890, 2 Hörer; 1891, 4 Hörer; 1892, 4 Hörer; 1893, 3 Hörer; 1894, 11 Hörer.

Ausserdem wird die Anstalt von 7 Hospitanten (1 Deutschen und 6 Reichsausländern) besucht.

Der Hörer David Neumark hat für die auf Vorschlag des Lehrercollegiums vom Curatorium ausgeschriebenen Preisaufgabe: „Die Verschollenheit eines Ehegatten nach rabbinischem Rechte" den Preis der Moses Mendelssohn-Stiftung im Betrage von 200 Mark erhalten. Der Preis der Moritz Meyer-Stiftung ist am Todestage des sel. Herrn Stadtrath Moritz Meyer vom Lehrercollegium dem Hörer Gustav Weiner zugesprochen worden.

Wie alljährlich sind auch in diesem Jahre Hörer der Lehranstalt in und ausserhalb Berlins von den Gemeindevorständen zu Predigten an den hohen Festtagen berufen worden.

Die Einrichtung, dass bei Gelegenheit des sabbathlichen Nachmittags-Gottesdienstes von den Hörern Uebungspredigten in den Gemeindesynagogen gehalten werden, ist mit gutem Erfolg fortgesetzt worden.

Die in den beiden Semestern des Berichtsjahres gehaltenen Vorlesungen sind in der Anlage A, desgleichen die unserer Bibliothek zugewendeten Geschenke in der Anlage B verzeichnet.

Ueber die Einnahmen und Ausgaben des Stipendienfonds wird in der Anlage D rechnungsmässig berichtet.

Im Besondern mögen hier, mit unserem aufrichtigen Danke, folgende Gaben eine Stelle finden:

1.	Aus der Jacob Hirsch Brandenburg-Stiftung	Mk. 1051. —
2.	Vom Vorstand der jüdischen Gemeinde hier aus dem Hertel'schen Vermächtniss	„ 450. —
3.	Von Herrn Dr. Rosenzweig	„ 15. —

Aus den Montags-Vorlesungen sind der Stipendienkasse
in diesem Jahre zugeflossen . . . . . Mk. 1427 90.

Vorträge haben in diesem Jahre gehalten:

Herr **K. E. Franzos**: Jugenderinnerungen.
Herr Prof. Dr. **Steinthal** Ein Religionsphilosoph aus unserem Jahrhundert.
Herr Docent Dr. **Richard M. Meyer**: Seher und Propheten.
Herr Rabbiner Dr. **Weisse**. Judenthum und Hellenismus.
Herr Direktor Dr. **Adler**: Die Judenverfolgungen in Deutschland zur Zeit des ersten Kreuzzuges.
Herr Docent Dr. **Schreiner**: Das Judenthum und die vergleichende Religionsgeschichte.

Im Jahre 1894 hat die Anzahl unserer Stipendiaten 19 betragen, davon waren aus Preussen resp. aus Deutschland 8, Reichsausländer 11.

Die David Herzog'sche Freitisch-Stiftung hat verteilt 2947 Tischmarken im monatlichen Durchschnitt an 10 Hörer und hat dafür ausgegeben M. 2210, 25.

Gern nehmen wir Gelegenheit an dieser Stelle auf die von den Hörern der Lehranstalt gegründete Darlehnskasse hinzuweisen. Dieselbe, der gegenseitigen Unterstützung gewidmet, ist nunmehr seit 5 Jahren mit gutem Erfolge in Wirksamkeit; ihre Förderung sei hiermit den Gönnern unserer Lehranstalt ans Herz gelegt.

Berlin im April 1895.

Das Curatorium

der Lehranstalt für die Wissenschaft des Judenthums.

Dr. M. Lazarus, Vorsitzender. Dr. S. Neumann, stellvertretender Vorsitzender.
Dr. Heinrich Meyer Cohn, Rendant. Dr. F. Landau, Schriftführer.
Berthold Simon, Controleur.
Ludwig Max Goldberger. Dr. Kirstein. Georg Meyer. Dr. Paul Meyer.

Anlage A.

Verzeichniss der im Berichtsjahre gehaltenen Vorlesungen.

Im Sommer-Semester:

Herr Dr. Maybaum: 1) Midrasch-Lectüre, 1 Stunde. Homiletische Uebungen, 2 Stunden.

Herr Dr. Müller: 1) Talmud statarisch, Ketubot, 4 Stunden. 2) Talmud cursorisch, Beza, 4 Stunden. 3) Jore Dea Hil. Melicha, 2 Stunden. 4) Privatissimum: Hil. Nidda, 1 Stunde. 5) Jeruschalmi Ketubot, 1 Stunde. 6) Mischna Naschim, 1 Stunde. 7) Maimon, Mischne Thora Hil. Jom Tob, 1 Stunde.

Herr Dr. Schreiner: 1) Erklärung der Bücher Echa und Koheleth, 2 Stunden. 2) Alte Pentateuch-Commentare (Fortsetzung), 2 Stunden. 3) Grundzüge der jüdischen Religionsphilosophie (Fortsetzung), 3 Stunden. 4) Erklärung von Chasdai Crescas' Or Adonai, 2 Stunden. 5) Geschichte der Juden (das Zeitalter der Gaonen), 2 Stunden.

Herr Prof. Dr. Steinthal: Ethik (Fortsetzung), 1 Stunde.

Im Winter-Semester:

Herr Dr. Maybaum: 1) Midrasch-Lectüre, 1 Stunde. 2) Homiletische Uebungen, 2 Stunden.

Herr Dr. Müller: 1) Talmud statarisch, Ketubot, 4 Stunden. 2) Talmud cursorisch, Baba Mezia Abschnitt V, 3 Stunden. 3) Mischna Nesikin, 1 Stunde. 4) Agada, Synhedrin Abschnitt XI, 1 Stunde. 5) Schulchan Aruch Jore Dea, 2 Stunden. 6) Schulchan Aruch Eben Haeser: Hil. Gittin, 1 Stunde. 7) Die Responsen des Alfasi, 1 Stunde. 8) Moses Maimon, Mischne Tora, Hil. Jom Tob, 1 Stunde.

Herr Dr. Schreiner: 1) Erklärung der Psalmen, 2 Stunden. 2) Alte Pentateuch-Commentare, 2 Stunden. 3) Hebr. Uebungen, 1 Stunde. 4) Einleitung in die Wissenschaft des Judenthums, 1 Stunde. 5) Geschichte der Juden, die spanisch-arab. Epoche, 2 Stunden. 6) Lektüre religions-philosophischer Schriftsteller, 2 Stunden.

Herr Prof. Dr. Steinthal: Psychologie des Wollens mit Rücksicht auf die Ethik, 1 Stunde.

Anlage B

Unsere Bibliothek hat auch in diesem Berichtsjahre ausser den durch Ankauf erworbenen Büchern durch **Schenkungen** Zuwachs erfahren. Den nachbenannten Geschenkgebern statten wir hiermit unseren Dank ab:

Akademischer Verlag in München: Hochschul-Nachrichten. — **Alliance israelite universelle:** Eine Anzahl Berichte und Broschüren. — **Anonymus:** Gebetbücher. — **A. Auerbach:** 48 Werke halachischen, midraschischen und liturgischen Inhalts aus dem Nachlasse seines Vaters, des sel. Herrn Auerbach in Labischin. — **Prof. Dr. W. Bacher** in Budapest: Jahrbuch des ung.-jüd. Literaturvereins. — **Dr. S. Bäck in Lissa:** Die Geschichte des jüdischen Volkes und seiner Literatur. — **Dr. Bamberger in Königsberg i. Pr.:** 29. Bericht über die Religionsschule. — **Dr. Ph. Bloch in Posen:** Geschichte der Entwickelung der Kabbala und der jüd. Religionsphilosophie. — **Dr. L. Bardowicz in Mödling:** Studien zur Geschichte der Orthographie des Althebräischen. — **R. Brainin in Wien:** [illegible] Jhrg. I Hft. 1 u. 2. — **Dr. B. H. Cohn:** 1) Jüd. Presse 1894; 2) Oesterr. Wochenschrift 1894. — **Deutsch-israelitischer Gemeindebund:** Mitteilungen No. 37, 38, 39; 2) [illegible]. — **Dr. Diamant in Vucovar:** 1) Antrittsrede; 2) Gebet zur Todtenfeier. — **Dr. Eisenstadt:** Ueber Bibelkritik in der talm. Literatur. — **Dr. Eckstein in Bamberg:** M. Joel, Fest- und Gelegenheitspredigten Bd. II. — **Dr. Grünwald in Sofia:** 1) Algo de la hist. de la communidad israel. de Widdin; 2) Catalog der ebr. Handschriften der Bibliothek in Modena; 3) Documente etc.; 4) Isidore Loeb; 5) Ueber den jüd.-deutsch. Jargon. — **Rabbiner Goldstein in Fiume:** [illegible] (10 Exempl.). — **Prof. Dr. Hahn:** 1) Breslau, zur Judenfrage; 2) Die Judenfrage 3) Kleist, Der Apostel Stöcker; 4) Rabbinowicz, Einleitung in die Gesetzgebung u. die Medicin des Talmuds; 5) Treitschke, Ein Wort über unser Judenthum; 6) Zeuge Stöcker — **L. Hausdorf in Leipzig:** Zur Geschichte der Targumim. — **J. Heymann:** 87 hebr. Werke (darunter Mischna u. Talmud compl.) aus dem Nachlasse seines Vaters, des sel. Hrn. V. Heymann in Spandau. — **Israel.-theol. Lehranstalt in Wien:** D. H. Müller, Ezechiel-Studien, (Jahresbericht 1894). — **Jewish-theol. Seminary-Association in New York:** A. Kohut, Studies in Yemen-Hebrew Litterature. — **Jüdisch-theol. Seminar in Breslau:** Jahresbericht 1894. — **Grand Rabbin Zadoc Kahn in Paris:** Sermons et Allocutions III. Serie. — **Dr. Kaminka in Prag:** 1) Ergänzungen zu Kämpfs Gebetbuch; 2) Trauerreden. — **Dr. Gustav Karpeles:** 84 Bücher und Broschüren historischen, exegetischen u. religionsphilosophischen Inhalts. — **Dr. Klemperer:** Beiträge zur vergleichenden Geonologie Hft. 1. — **Dr. Königsberger in Breslau:** [illegible] Hft. I. — **Landes-Rabbinerschule in Budapest:** Blau, Zur Einleitung in die heilige Schrift (Jahresbericht 1894). — **Prof. Dr. Lazarus:** 1) Der Prophet Jeremias; 2) Leimdörfer, Psalterklänge; 3) Maybaum, Die Entwickelung des altisrael. Priesterthums. — **Dr. H. Löwe:** 1) Israel. Volkskalender 1894; 2) Liederbuch für jüd. Vereine; 3) Kohn, Assimilation, Antisemitismus und Nationaljudenthum; 4) Tschernikoff, Die Aufgabe der jüd. Wohlthätigkeit. — **Dr. Imm. Löw in Szegedin:** Kossut-Denkreden. — **Dr. Maybaum:** 1) Predigten zum I. u. II. Buche Moses; 2) N. Brülls Jahrbücher, VII. Jhrg.; 3) L. Geiger, Geschichte der Juden in Berlin I; 4) Frankl, Nach Jerusalem I; 5) [illegible]; 6) [illegible]; 7) [illegible]; 8) [illegible]; 9) 7 Jahresberichte der Landesrabbinerschule in Budapest u. jüd. Gemeinden in Amerika. — **Geh. Rath J. Meyer:** Eine Anzahl Broschüren und Berichte wohlthätiger u. wissenschaftlicher Vereine. — **Cl. Montefiore in London:** The Jewish Quarterly Review (Fortsetzung). — **Rudolf Mosse:** Allgemeine Zeitung des Judenthums 1894 — **Dr. J. Müller:** 1) [illegible] 1894; 2) Monatsblätter 1894; 3) Neuzeit 1894; 4) [illegible]; 5) Simonsen: Nachschrift der Correctur und Druckfehlerliste des Revisors der Buxtorfschen Biblia Rabbinica, Basel 1618—19. — **Dr. W. Neumann:** Influence de Raschi d'Autres commentateurs Juifs sur les postillae perpetuae de Nicolas de Lyre. — **Dr. P. Neustadt in Breslau:** Jahresbericht der hebr. Unterrichtsanstalt, 1894. — **Petersil:** Späne und Splitter, satyrische Aphorismen. — **Dr. S. Poznanski:** Ibn Chiquitilla. — **Dr. Ritter in Rotterdam:** 1) A. van Collem, Russische Melodien; 2) Hildesheim, Poesieen in Bybel etc.; 3) Landsberg, de Ziekte en Het Geneesmiddel; 4) Polemann: [illegible]; 5) Schaap, Hebr. Grammatik. — **Prof. Dr. Schrader:** Ueber einen altbabylonischen Königsnamen. — **Simonsen, Oberrabb. in Kopenhagen:** Haftaroth mit dänischer Uebers. von A. Wolff. — **Société des études juives:** Revue des études juives (Forts.) — **Dr. Stern in Saaz:** Jüdische Chronik. — **Universität in Göttingen:** Index Scholarum. — **Universität in Heidelberg:** Programm 1894. — **Universität in Prag:** Ordnung der Vorlesungen. — **Verein Schomer Israel in Lemberg:** Israelit 1894. — **M. Warschauer:** 1) Mischna Ord. 5 u. 6; 2) Tr. [illegible]. — **Dr. A. Winkler:** Beiträge zur Kritik des Midrasch Threni. — **Dr. Wiener in Oppeln:** Gedächtnisreden auf die Kaiser Wilhelm und Friedrich. — **Dr. Ziemlich in Nürnberg:** 1) Das Machsor Nürnberg; 2) Die Erklärung der deutschen Rabbiner; 3) Einer, der nicht Logiker sein will; 4) Göthe und das alte Testament. — **Zunz-Stiftung:** 1) [illegible]; 2) Dalmann, Grammatik des jüd.-paläst. Aramäisch; 3) [illegible] (Forts.); 4) M. Silberberg, Das Buch der Zahl des Abraham ibn Esra.

Anlage C.

Rechnungs-Abschluss für das Jahr 1894.

	ℳ	₰		ℳ	₰
Kassenbestand am 1. Januar 1894	6834	50			
Einnahmen.			**Ausgaben.**		
Zinsen	5708	35	Local-Miethe etc.	1448	35
Jährliche Beiträge	8261	—	Honorare	11000	—
Einmalige Beiträge zu laufenden Ausgaben	1500	—	Bibliothek	979	30
Geschenke und immerwährende Mitgliedschaft (Eiserner Fonds)	6220	—	Allgemeine Verwaltungskosten .	1598	—
Zuwendungen zu Propagandazwecken	350	—	Vertheilte Prämie aus der Moses-Mendelssohn-Stiftung . . .	200	—
Zuwendung zu Bibiothekszwecken	200	—	Angekaufte Fonds	8606	35
Stiftung der Frau Stadtrath Nanny Meyer	1000	—	Kassenbestand	6241	85
	30073	85		30073	85

Activa. Bilanz. Passiva.

	ℳ	₰		ℳ	₰
Kassenbestand	6241	85	Eiserner Fonds	142190	20
Hypothek Lindenstrasse 60/61. .	120000	—	Zu laufend. Ausgaben verwendbar	5145	45
M. 1500 4 % Preuss. Consol Anleihe	1500	—	Isidor Gebert-Stiftung	1500	—
„ 2000 3½ % Preuss. Centralboden Pfandbriefe	2000	—	Moses Mendelssohn-Stiftung . .	955	55
„ 10000 3 % Preuss. Consol. Anleihe	8466	20	Dr. Frankl-Stiftung	1127	10
„ 19500 3½ % Ostpreuss. Pfandbriefe	19091	05	Joseph Lachmann-Stiftung . .	5000	—
			Frau Stadtrath Nanny Meyer-Stiftung	1030	80
			Reservirt zu Propagandazwecken	350	.
	157299	10		157299	10

Anlage D.

Stipendienkasse.

	ℳ	₰		ℳ	₰
Kassenbestand	3178	65			
Einnahmen.			**Ausgaben.**		
Zinsen	156	90	Bezahlte Stipendien	3230	—
Jährliche Beiträge	1551	—	Kassenbestand	4144	80
Einmalige Beiträge	1066	—			
Vorlesungen	1422	25			
	7374	80		7374	80

Ferner: ℳ 75 Pommersche 3½ % Pfandbriefe.

Anlage E.

Verzeichniss der Wohlthäter der Lehranstalt für die Wissenschaft des Judenthums

(§ 9 des Statuts).

I. Stifter.

Stadtrath Borchardt.
Gebr. Eltzbacher, Cöln.
Dr. Bernh. Ginsberg.
B. H. Goldschmidt, Frankfurt a. M.
Moritz B. Goldschmidt, Frankfurt a. M.
David Herzog.
Joseph Lachmann.
Frau Johanna Levy geb. Salomon.*

Stadtrath Moritz Meyer.
Frau Stadträthin Nanny Meyer.*
Regierungsrath Dr. Paul Meyer.
John B. Oppenheimer in Leipzig.
Dr. Ludwig Philippson, Bonn.
Albert Salomon.
Commerzienrath Caesar Wollheim.

II. Immerwährende Ehrenmitglieder.

Frau Prof. Sarah Lazarus, Berlin.
Frau Bertha Oppenheimer, Leipzig.
Frau Fanny Oppenheimer, Leipzig.*

III. Immerwährende Mitglieder.

Julius Alexander.
Siegfried Bernhätz.
Senator J. R. Bischoffsheim, Brüssel.
Geheimer Commerzienrath G. v. Bleichröder.
Jüdische Gemeinde Braunschweig.
Geheimer Commerzienrath Meyer Cohn.
H. Demuth.
Commerzienrath Theodor Jacob Flatau.
Stadtrath Friedländer, Frankfurt a. M.
Hermann Friedländer, Hamburg.
Isidor Gebert.
Adolph Ginsberg.
Abraham Goldschmidt.
Hermann B. H. Goldschmidt, Brüssel.
Benedict Moritz Goldschmidt, Frankfurt a. M.
Marcus Moritz Goldschmidt, Frankfurt a. M.
Israelitischer Tempelverband Hamburg.
Commerzienrath Jacob Israel.
Synagogen-Gemeinde Königsberg i. Pr.
Isaac Koenigswarter, Frankfurt a. M.
Geh. Commerzienrath Salomon Lachmann.
Director Joseph Lehmann.
Frau Sarah Lehrs.
Albert Lessing.
Geh. Commerzienrath B. Liebermann.
Louis Liebermann.

Frau Philippine Liebermann, geb. Haller.
Adolph v. Liebermann Wahlendorf.
Dr. Moritz Loevinson.
Geheimer Commerzienrath V. Mannheimer.
Martin J. Meyer.
Albert Philipp Meyer.
Geheimer Commerzienrath Joel Wolf Meyer.
Stud. jur. Adolph Salomon Meyer.
Frau Zerline Meyer.
Jacob Nachod, Leipzig.
J. Neumann.
Sanitätsrath Dr. S. Neumann.
N. Oppenheim.
Louis Perl.
Jacob Plaut, Leipzig.
Eugen Riess.
Louis Riess.
E. Rothschild, Stadtoldendorf.
General-Consul William Schönlank.*
Carl Berthold Simon.*
Commerzienrath Isaac Simon.
Geh. Commerzienrath Mor. Simon, Königsberg i. Pr.
Theodor Stern, Frankfurt a. M.
Siegmund Sulzbach, Frankfurt a. M.
Ritter Joseph von Wertheimer, Wien.
Stadtrath Alexander Wolff

VI. Beitragende Mitglieder.

Emil Abel.*
Markus Adler.
Carl Arnheim.
Leopold Aron.
Hermann Auerbach.
Louis M. Bamberger.
Philipp Berg.
Julius Bleichröder.
Sanitätsrath Dr. Blumenthal.
Geh. Sanitätsrath Dr. Boas.
Siegfried Brünn.*
Fritz Chrambach, Dresden.
Eduard Cohen, Frankfurt a. M.
Alexander Meyer Cohn.
Carl Cohn.
Rechtsanwalt Dr. Heinr. Meyer Cohn.
Geh. Sanitätsrath Dr. Croner.
Bernhard C. Croner.
R. Demuth.
Theodor Demuth.
David Feilchenfeld.
Dr. F. Feilchenfeld.
S. Fleischer, Leipzig.
H. Frenkel.
Eduard Gaudchau.
Moritz Gaudchau.
Frau Commerzienrath Louis Gerson.
Felix Glaserfeld.
Professor Goldschmidt.
Heinrich Philipp Goldschmidt.*
Frau Hermann Goldschmidt.
Dr. Otto Goldschmidt.
Geh. Comm.-R. Ludwig Max Goldberger.
Rudolf Heilbronn.
Hermann Herz.
Paul Herz.
Geh. Commerzienrath Wilhelm Herz.
Joseph Heimann.
Emil Heymann.
Hugo Heymann.
Albert Hirschland.
Emil Jacob.
Leopold Jacobi.
Alphons Jacobson, Leipzig.
Adolf Jacoby.
Ernst Jacoby.
Gustav Jacoby.
Julius Jacoby.
Julius Jacoby, Dresden.
Sanitätsrath Dr. Jastrowitz.
Louis Imberg.*
Julius Joffeohn.
Julius Isaac.
Leopold Isaac.
Paul Jüdel.
Gebrüder Katz.
Geh. Sanitätsrath Dr. Kirstein.
Kraft & Levin.
Geh. Sanitätsrath Dr. Kristeller.
Rechtsanwalt Dr. Felix Landau.
Dr. Leopold Landau.
Hermann Landsberger.
Commerzienrath Jacob Landsberger.*
Louis Landsberger.
Theodor Lassally.
Emil Latz.
Professor Dr. Lazarus.*
Anton Lehmann.
S. Leichtentritt.
Prediger Dr. Leimdörfer, Hamburg.
Max Leon.
Martin Levy.
Justizrath Meyer Levy.
Moritz Levy.
Frau Anna Liebermann.
Dr. Felix Liebermann.
Victor Lilienfeld, Leipzig.
Jacob Lippmann, Aachen.
Hermann Loewenhers.
Max Löwy.
Leopold Löwy.
Commerzienrath Emanuel Lohnstein.
Generalcons. C. Mankiewicz, Dresden.
Hermann Marckwald.*
Theodor Markus.
Henri Margulies.
Geheimer Sanitätsrath Dr. Marcuse.
Frau Eduard Mende.
Emanuel Meyer.
Ernst Meyer.
Fritz Meyer.
Georg Meyer.
Justizrath S. Meyer.
Dr. Ludwig Meyer.
August J. Meyer.
Max H. Meyer.
Moritz Monasch.
Gustav Mosler.
Rudolf Mosse.
Fritz Nachod, Leipzig.
Moritz Nast.
Leopold Natthorff.
Frau Julius Nelke.
Moritz Neufeld.
Frau Julie Neumann, geb. Rathenau
Prof. Dr. Gustav Oppert.
S. Pierson.
Ferdinand Reichenheim.
Edgar Rosenthal.
Julius Rotholz.
J. Rothstein.
Ad. Russ jr.
Ludwig Russ.
Louis Sachs.
Sigmund Saller.
Julius Schiff.
Julius Schüler.*
L. J. Siesskind.
Dr. Herm. Veit Simon.
B. Simon, Hamburg.
Consul Simon, Hannover.
Louis Simon.
Theodor Simon.
Speyer Ellissen, Frankfurt a. M.
G. Traube.
Ludwig Vogelsdorff.
S. Waldo.
Max Weiss.
Wilhelm Weinstein.
Joseph Zielenziger.

Jährliche Beiträge zur Stipendienkasse zahlen die mit einem * bezeichneten Wohlthäter, sowie ferner:

Geheimer Sanitätsrath Dr. Abraham.
Jüdische Gemeinde in Berlin.
Moritz Mannheimer.
Justizrath Makower.
Milde Stiftung der Familie Philipp Veit.